The LITTLE BLACK SONGBOOK

Acoustic Hit Songs

Published by
Wise Publications
14-15 Berners Street, London W1T 3LJ, UK.
Exclusive distributors:
Music Sales Limited
Distribution Centre,
Newmarket Road, Bury St Edmunds, Suffolk, IP33 3YB, UK.
Music Sales Pty Limited
20 Resolution Drive, Caringbah, NSW 2229, Australia.

Order No. AM92107
ISBN 978-0-7119-4233-2

Cover designed by Michael Bell Design.
Printed in the EU.

www.musicsales.com

Wise Publications
part of The Music Sales Group
London / New York / Paris / Sydney / Copenhagen / Berlin / Madrid / Tokyo

All I Have To Do Is Dream

Words & Music by Boudleaux Bryant

Intro

E   E C♯m A   B
Dream, dream, dream, dream,

E C♯m A   B
Dream, dream, dream, dream.

Verse 1

         E   C♯m A   B
When I want you   in my arms,

         E   C♯m A   B
When I want you   and all your charms,

        E   C♯m   A   B
Whenever I want you all I have to do is,

E C♯m A   B
Dream, dream, dream, dream.

Verse 2

         E   C♯m A   B
When I feel blue   in the night,

        E   C♯m A   B
And I need you   to hold me tight,

        E   C♯m   A   B
Whenever I want you all I have to do is,

E   A   E   E7
Dream.

Chorus 1

A
I can make you mine,

G♯m
Taste your lips of wine

F♯m   B   E   E7
Any time   night or day

A   G♯m
Only trouble is,   gee whiz,

    F♯   B
I'm dreaming my life away.

Verse 3

E   C♯m A   B
I need you so   that I could die,

E   C♯m A   B
I love you so   and that is why,

     E   C♯m   A   B
Whenever I want you all I have to do is

E C♯m A   B
Dream, dream, dream, dream,

E   A   E   E7
Dream.

Chorus 2

A
I can make you mine,

G♯m
Taste your lips of wine

F♯m   B   E   E7
Anytime   night or day

A   G♯m
Only trouble is,   gee whiz,

   F♯   B
I'm dreaming my life away.

Verse 4

E   C♯m A   B
I need you so   that I could die,

E   C♯m A   B
I love you so   and that is why,

     E   C♯m   A   B
Whenever I want you all I have to do is,

E C♯m A   B
Dream, dream, dream, dream,

E C♯m A   B
Dream, dream, dream, dream.   *Repeat to fade*

All I Need

Words & Music by Beth Hirsch, Jean-Benoit Dunckel & Nicolas Godin

| A | Em | Gadd9 | Asus2 | Cmaj7 |

| D6 | A7 | C7 | Emadd9 | Gmaj7 |

Capo third fret

Intro
| A | Em | Gadd9 Asus2 |

| Em | A | Em | Gadd9 Asus2 ||

Verse 1

Em   A
All I need is a little time

   Em   Gadd9   Asus2
To get behind this sun and cast my weight.

Em   A
All I need's a peace of this mind,

          Em   Gadd9 Asus2
Then I can celebrate._____

Pre-chorus 1

Em   A
All in all there's something to give,
                        (All in all there's something to give,)

Em   Gadd9   A
All in all there's something to do,
                        (All in all there's something to do,)

Em   A
All in all there's something to live

        Em   Gadd9 Asus2
With you,_____

        Cmaj7 D6
With you._____

Chorus 1

              Em   **A⁷**
How,_____ way._____

C⁷   **Em**   **A⁷**
  How,_____ way,_____ ay.

C⁷   **Em**   **A⁷**   **C⁷**
  How,_____ way._____

| **(Cmaj⁷)** | **(D⁶)** ‖

Verse 2

N.C.   **A⁷**
All I need is a little sign

  Em   **G add⁹**   **Asus²**
To get behind this sun and cast this weight of mine.

Em   **A**
All I need's the place to find,

        Em   **G add⁹** **Asus²**
And there I'll celebrate._____

Pre-chorus 2   As Pre-chorus 1

Chorus 2   As Chorus 1

Bridge

           A   **Em** | **G add⁹ Asus²** |
All I need._____

‖: **Em add⁹** | **A** | **Em add⁹** | **Gmaj⁷ A** :‖ *Play 3 times*

| **Em** | **C** | **D** |

‖: **Em** | **A⁷ C⁷** | **Em** | **A⁷ C⁷** :‖

Chorus 3

        Em   **A⁷**
How,_____way._____

C⁷   **Em**   **A⁷**
  How,_____way,_____ ay.

C⁷   **Em**   **A⁷**
  How,_____way._____

C⁷   **Em**   **A⁷** **C⁷**
  How,_____way,_____ ay.

Coda   ‖: **Em** | **A⁷ C⁷** | **Em** | **A⁷ C⁷** :‖ *Repeat to fade*

All I Want Is You

Words & Music by U2

Tune guitar down a semitone

Intro

‖: A | D/A :‖
(You)

Verse 1

　　　　A　　　　D/A A　　　　　　　　　D/A
You say you want　　diamonds on a ring of gold,___

　　　　　A Asus2 A Asus2　　　　A Asus2 A Asus2
You say　　　　　　　you want

　　　　　A　　Asus2　　　　D/A Dsus2
Your story to remain untold.

Chorus 1

　　D/A　F♯m　　　D
But all the promises we make

　　　　F♯m　　　D　　Dsus2
From the cradle to the grave,

　　　　A Asus2　　D Dsus2 D
When all　　I want　　　is you.___

Link 1

| A Asus2 A Asus2 A | D Dsus2 D | A Asus2 A Asus2 A | D Dsus2 D ‖
(You)

Verse 2

　　　A　　　　D　Dsus2 A　　　　　　　　D Dsus2
You say you'll give　me a　　highway with no - one on it,

A　　　　　　　　D
Treasure, just to look upon it,

　　　A　　　　　D Dsus2 D Dsus2 D Dsus2
All the riches in the night.___

Verse 3

　　　A　　　D　A　　　　　　　　　　D
You say you'll give　me eyes in the moon of blind - ness,

Dsus2 A　　　　　　Dsus2
A　　river in a time of dry - ness,

　A　　　　　　Dsus2
A harbour in the tem - pest.

Chorus 2

     F♯m   **D**
All the promises we make

         F♯m   **D**
From the cradle to the grave,___

    A   **D**
When all I need is you.

Link 2   ‖: **A Asus² A Asus² A Asus² │ D Dsus² D** :‖

       │ **A**   │ **D**   │ **A**   │ **D**   ‖
                                       (You)

Verse 4

     A   **D**   **A**   **D**
You say you want   your love to work out right,___

    A   **D**
To last with me through the night.___

Verse 5

     A   **D A**   **D**
You say you want   diamonds on a ring of gold.___

    A   **D**
Your story to remain un - told,

    A   **D**
Your love not to grow cold.

Chorus 3

     F♯m   **D**
All the promises we break

        F♯m   **D**
From the cradle to the grave,___

    A   **D**
When all I want is you.

Link 3   ‖: **A Asus² A Asus² A Asus² │ D Dsus²** :‖ *Play 4 times*

Interlude

    A Asus² A Asus² A Asus² D Dsus²
‖: You,_____   all I want is___ :‖ *Play 3 times*

    A Asus² A Asus² A Asus² D Dsus²
You._____

Instrumental ‖: **A Asus² A Asus² A Asus² │ D Dsus²** :‖ *Play 8 times*

         │ **A**   │ **D**   ‖: **A Asus² │ D**   :‖ *Play 5 times*

Outro   ‖: **A** │ **D**   │ **A**   │ **D**   :‖ *Repeat to fade*

Alone Again Or

Words & Music by Brian MacLean

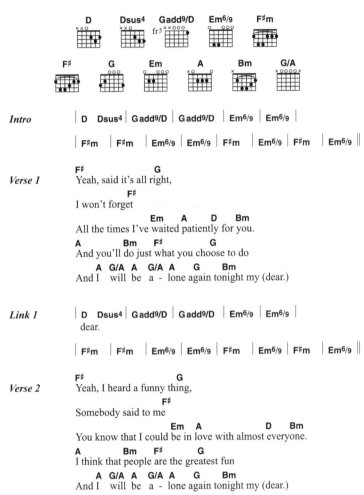

Intro | D Dsus⁴ | Gadd⁹/D Gadd⁹/D | Em⁶/⁹ | Em⁶/⁹ |

| F♯m | F♯m | Em⁶/⁹ | Em⁶/⁹ | F♯m | Em⁶/⁹ | F♯m | Em⁶/⁹ ‖

Verse 1

   F♯   G
Yeah, said it's all right,

          F♯
I won't forget

                   Em   A   D   Bm
All the times I've waited patiently for you.

A   Bm   F♯   G
And you'll do just what you choose to do

     A G/A A G/A A   G   Bm
And I   will be a - lone again tonight my (dear.)

Link 1 | D Dsus⁴ | Gadd⁹/D Gadd⁹/D | Em⁶/⁹ | Em⁶/⁹ |
    dear.

| F♯m | F♯m | Em⁶/⁹ | Em⁶/⁹ | F♯m | Em⁶/⁹ | F♯m | Em⁶/⁹ ‖

Verse 2

   F♯   G
Yeah, I heard a funny thing,

                 F♯
Somebody said to me

                 Em   A   D   Bm
You know that I could be in love with almost everyone.

A   Bm   F♯   G
I think that people are the greatest fun

     A G/A A G/A A   G   Bm
And I   will be a - lone again tonight my (dear.)

```
Link 2         | D   Dsus4 | Gadd9/D | Gadd9/D | Em6/9 | Em6/9 |
                 dear.

               | F#m | F#m | Em6/9 | Em6/9 | F#m | Em6/9 | F#m | Em6/9 ||

Instrumental   | F#  | F#  | G   | G   | F#  | F#  | Em  | A   |

               | D   | Bm  | A   | Bm  | F#  | G   | G   |

               | A    G/A  A | A  G/A  A G/A | G    Bm  D ||

Link 3         | D   Dsus4 | Gadd9/D | Gadd9/D | Em6/9 | Em6/9 |

               | F#m | F#m | Em6/9 | Em6/9 | F#m | Em6/9 | F#m | Em6/9 ||

               F#                        G
Verse 3        Yeah, I heard a funny thing,
                                      F#
               Somebody said to me
                                         Em   A                 D      Bm
               You know that I could be in love with almost everyone.
               A           Bm     F#          G
               I think that people are the greatest fun
                    A  G/A  A   G/A  A      G       Bm
               And I    will  be   a  -  lone again tonight my (dear.)

Outro          | D          | Gadd9/D | Gadd9/D |
                 dear.

               | Em6/9 | Em6/9 | Em6/9 | Em6/9 | Em6/9    ||
```

Always The Last To Know

Words & Music by Justin Currie

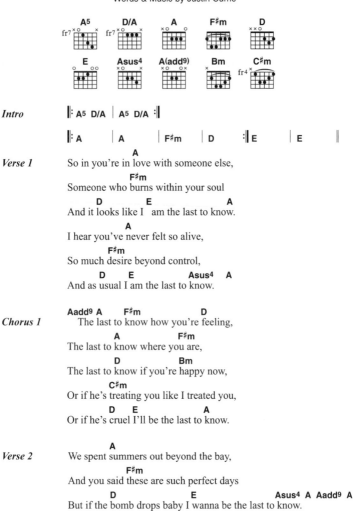

Intro ‖: A5 D/A | A5 D/A :‖

‖: A | A | F♯m | D :‖ E | E ‖

Verse 1

             A
So in you're in love with someone else,

          F♯m
Someone who burns within your soul

     D   E   A
And it looks like I   am the last to know.

         A
I hear you've never felt so alive,

        F♯m
So much desire beyond control,

        D   E   Asus4   A
And as usual I am the last to know.

Chorus 1

Aadd9 A   F♯m   D
  The last to know how you're feeling,

      A   F♯m
The last to know where you are,

      D   Bm
The last to know if you're happy now,

      C♯m
Or if he's treating you like I treated you,

      D   E   A
Or if he's cruel I'll be the last to know.

Verse 2

        A
We spent summers out beyond the bay,

        F♯m
And you said these are such perfect days

      D   E   Asus4 A Aadd9 A
But if the bomb drops baby I wanna be the last to know.

                          A
cont.   But now you're living up behind the hill
                          F♯m
                And though we share the same city, and feel the same sun
                          D   **E**   **Asus⁴ A**
                When your winter comes I'll be the last to know.

                Aadd⁹   **A**   **F♯m**   **D**
Chorus 2   Always the last to know how you're feeling,
                          A   **F♯m**
                The last to know where you are,
                          D   **Bm**
                The last to know if you're happy now,
                          C♯m
                Or if he's pleaded with you like I pleaded with you
                          D   **E**   **D**
                If you go, don't let me be the last to know,
                          E   **A⁵   D/A A⁵ D/A**
                Don't‿ let me be the last to know.

                Bm   **C♯m D**   **A**
Bridge   Creation's gone crazy,   the TV's gone mad,
                          Bm   **D**   **E**
                Now you're the only sane thing that I've had.

Guitar solo   ‖: **A** | **A** | **F♯m** | **D**   :‖ **E** | **E** | **E**   ‖

                E   **F♯m**   **D**
Chorus 3   Always the last to know how you're feeling
                          A   **F♯m**
                The last to know where you are,
                          D   **Bm**
                The last to know if you're happy now,
                          C♯m
                Or if he's cheated on you like I cheated on you,
                          D   **E**   **D**
                Oh,__ and you were the last to know,
                          E   **D**
                You__ were the last to know,
                          E   **E**   **A⁵   D/A A⁵ D/A**
                Don't let me be the last__ to know.

Outro   ‖: **A** | **A**   :‖ *Play 3 times*

                | **A** | **A** | **A**   ‖
                          Oh, oh,   oh,
                A
                Don't let me be the last to know, no, no, no, no, no, no... *To fade*

15

Annie's Song

Words & Music by John Denver

Intro

| D | | Dsus⁴ | D | | Dsus⁴ |

| D | | Dsus⁴ | D | |

Verse 1

     Dsus⁴   G   A   Bm
You fill up my sen - ses____

        G   D*   F♯m/C♯ Bm
Like a night in a forest,____

        A   G   F♯m Em
Like the mountains in spring time,____

       G   A Asus⁴ A
Like a walk in the rain.____

               G A   Bm
Like a storm in the de - sert,____

        G   D*   F♯m/C♯ Bm
Like a sleepy blue ocean.____

    A   G   F♯m Em
You fill up my sen - ses,____

      A   D   Dsus⁴ D
Come fill me a - gain.____

Verse 2

    Dsus⁴   **G** **A**   **Bm**
Come let me love you,_____

       G   **D***   **F♯m/C♯** **Bm**
Let me give my life to you,_____

      A   **G**   **F♯m** **Em**
Let me drown in your laught - er,_____

     G   **A**   **Asus⁴** **A**
Let me die in your arms._____

          G **A**   **Bm**
Let me lay down be - side you,_____

     G   **D***   **F♯m/C♯** **Bm**
Let me always be with you._____

A   **G** **F♯m** **Em**
Come let me love you,_____

     A   **D**   **Dsus⁴** **D** **Dsus⁴**
Come love me again._____   (Ooh)

Instrumental

   | **G** | **A** | **Bm** | **G** | **D*** | **F♯m/C♯**| **Bm** | **A** |
Ooh,_____

| **G** | **F♯m** | **Em** | **G** | **A** | **Asus⁴**| **A** |
Ooh._____

| **A** | **G** | **A** | **Bm** |
Ooh._____

Verse 3

       G   **D***   **F♯m/C♯** **Bm**
Let me give my life to you,_____

A   **G** **F♯m** **Em**
Come let me love you,_____

     A   **D**   **Dsus⁴** **D**
Come love me a - gain._____

Verse 4

    Dsus⁴ **G** **A**   **Bm**
You fill up my sen - ses,_____

     G   **D***   **F♯m/C♯** **Bm**
Like a night in a forest,

      A   **G**   **F♯m** **Em**
Like the mountains in spring time,_____

    G   **A** **Asus⁴** **A**
Like a walk in the rain._____

         G **A**   **Bm**
Like a storm in the de - sert,_____

        D*   **F♯m/C♯** **Bm**
Like a sleepy blue ocean._____

    A   **G** **F♯m** **Em**
You fill up my sen -ses,_____

     A   **D**   **Dsus⁴** **D** **Dsus⁴** **D** **Dsus⁴** **D**
Come fill me a - gain._____

Baby, I Love Your Way

Words & Music by Peter Frampton

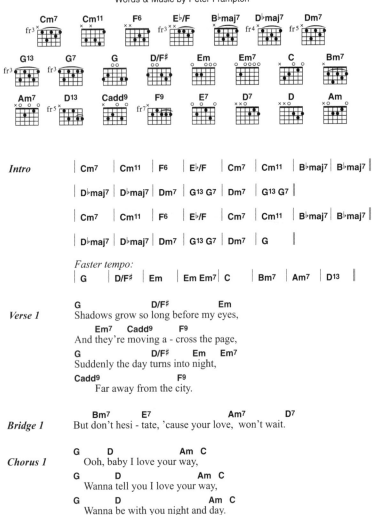

Intro

| Cm7 | Cm11 | F6 | E♭/F | Cm7 | Cm11 | B♭maj7 | B♭maj7 ‖

| D♭maj7 | D♭maj7 | Dm7 | G13 G7 | Dm7 | G13 G7 ‖

| Cm7 | Cm11 | F6 | E♭/F | Cm7 | Cm11 | B♭maj7 | B♭maj7 ‖

| D♭maj7 | D♭maj7 | Dm7 | G13 G7 | Dm7 | G ‖

Faster tempo:

| G | D/F♯ | Em | Em Em7 C | Bm7 | Am7 | D13 ‖

Verse 1

G   D/F♯   Em
Shadows grow so long before my eyes,

       Em7   Cadd9   F9
And they're moving a - cross the page,

G   D/F♯   Em   Em7
Suddenly the day turns into night,

Cadd9   F9
    Far away from the city.

Bridge 1

       Bm7   E7   Am7   D7
But don't hesi - tate, 'cause your love, won't wait.

Chorus 1

G   D   Am C
  Ooh, baby I love your way,

G   D   Am C
  Wanna tell you I love your way,

G   D   Am C
  Wanna be with you night and day.

| *Link* | ‖ G | D/F♯ | Em | Em | C | Bm⁷ | Am⁷ | D¹³ ‖ |

Verse 2

G   D/F♯   Em
Moon appears to shine and light the sky,

      Em⁷ Cadd⁹   F⁹
With the   help of some firefly.

G   D/F♯   Em
I wonder how they have the power to shine, shine, shine,

   Em⁷ Cadd⁹   F⁹
I can see them under the pine.

Bridge 2   As Bridge 1

Chorus 2   As Chorus 1

| *Solo* | ‖: G | D/F♯ | Em | Em Em⁷ | Cadd⁹ | Cadd⁹ | F⁹ | F⁹ :‖ |

Bridge 3

    Bm⁷   E⁷   Am⁷   D⁷
Well don't, don't hesi - tate, 'cause your love won't wait.

Verse 3

G   D/F♯   Em
I can see the sunset in your eyes,

      Em⁷ Cadd⁹   F⁹
Brown and grey and blue besides.

G   D/F♯   Em
Clouds are stalking islands in the sun,

     Em⁷   Cadd⁹   F⁹
I wish I could buy one, out of season.

Bridge 4   As Bridge 1

Chorus 3

G   D   Am C
  Ooh, baby I love your way,

G   D   Am C
  Wanna tell you I love your way,

G   D   Am C
  Wanna be with you night and day.

G   D   Am C
  Ooh, baby I love your way.

| *Outro* | ‖ G | D/F♯ | Em | C | G ‖ |

Babylon

Words & Music by David Gray

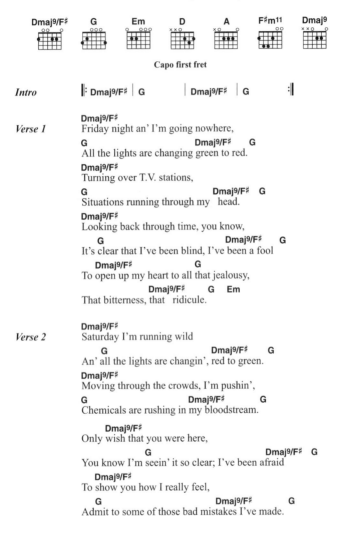

Dmaj9/F♯ **G** **Em** **D** **A** **F♯m11** **Dmaj9**

Capo first fret

Intro ‖: **Dmaj9/F♯** | **G** | **Dmaj9/F♯** | **G** :‖

Verse 1

Dmaj9/F♯
Friday night an' I'm going nowhere,

G   **Dmaj9/F♯**   **G**
All the lights are changing green to red.

Dmaj9/F♯
Turning over T.V. stations,

G   **Dmaj9/F♯**   **G**
Situations running through my   head.

Dmaj9/F♯
Looking back through time, you know,

     G   **Dmaj9/F♯**   **G**
It's clear that I've been blind, I've been a fool

       Dmaj9/F♯   **G**
To open up my heart to all that jealousy,

                           Dmaj9/F♯   **G**   **Em**
That bitterness, that   ridicule.

Verse 2

Dmaj9/F♯
Saturday I'm running wild

        G   **Dmaj9/F♯**   **G**
An' all the lights are changin', red to green.

Dmaj9/F♯
Moving through the crowds, I'm pushin',

G   **Dmaj9/F♯**   **G**
Chemicals are rushing in my bloodstream.

          Dmaj9/F♯
Only wish that you were here,

            G   **Dmaj9/F♯**   **G**
You know I'm seein' it so clear; I've been afraid

        Dmaj9/F♯
To show you how I really feel,

     G   **Dmaj9/F♯**   **G**
Admit to some of those bad mistakes I've made.

D   **A**   **Em**   **F♯m11**
And if you want it,   come an' get it,   for cryin' out loud.

D   **A**   **Em**   **G**
The love that I was givin' you was never in doubt.

D   **A**   **Em**   **A**
Let go of your heart, let go of your head, and feel it now.

D   **A**   **Em**   **A**
Let go of your heart, let go of your head, and feel it now.

Dmaj9/F♯ **G**
Babylon,

Dmaj9/F♯ **G**
Babylon,

Dmaj9/F♯ **G**   **Dmaj9/F♯** **G**
Babylon.

Verse 3

Dmaj9/F♯   **G**
Sunday, all the lights of London shining,

              Dmaj9/F♯   **G**
Sky is fading red to blue.

Dmaj9/F♯
  Kickin' through the autumn leaves

      G   **Dmaj9/F♯**   **G**
And wonderin' where it is you might be going to.

Dmaj9/F♯
Turnin' back for home, you know,

   G   **Dmaj9/F♯**   **G**
I'm feeling so alone, I can't believe.

Dmaj9/F♯   **G**
Climbin' on the stair I turn around

                Dmaj9/F♯   **G**
To see you smiling there in front of me.

Chorus 2

D   **A**   **Em**   **F♯m11**
And if you want it,   come and get it,   for crying out loud,

D   **A**   **Em**   **G**
The love that I was giving you was never in doubt.

D   **A**   **Em**   **A**
Let go of your heart, let go of your head, and feel it now.

D   **A**   **Em**   **A**
Let go of your heart, let go of your head, and feel it now.

Chorus 3

D   **A**   **Em**   **A**
Let go of your heart, let go of your head, and feel it now.

D   **A**   **Em**   **A**
Let go of your heart, let go of your head, and feel it now.

Dmaj9/F♯ **G**   **Dmaj9/F♯** **G**
Babylon,   Babylon,

Dmaj9/F♯ **G**   **Dmaj9/F♯** **G**
Babylon,   Babylon,

Dmaj9/F♯ **G**   **Dmaj9/F♯** **Dmaj9**
Babylon.

Behind Blue Eyes

Words & Music by Pete Townshend

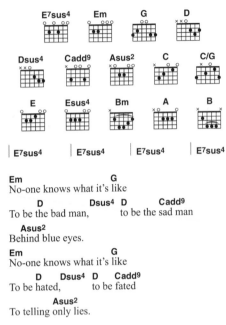

Intro　　| E7sus4　　| E7sus4　　| E7sus4　　| E7sus4　　||

Verse 1

    Em　　　　　　　　　　**G**
No-one knows what it's like

       D　　　　　**Dsus4 D**　　**Cadd9**
To be the bad man,　　　to be the sad man

    Asus2
Behind blue eyes.

Em　　　　　　　　　　**G**
No-one knows what it's like

    D　　**Dsus4 D**　　**Cadd9**
To be hated,　　　to be fated

      Asus2
To telling only lies.

Chorus 1

      C　　　**D**　　　　　　**G**　　　**C/G G**
But my dreams they aren't as empty

     C　　　　　　**D**　　　　**E**　　**Esus4 E**
As my conscience seems to be.

   Bm　　　　　**C**
I have hours only lonely,

       D　　　　　**Dsus4 D**
My love is vengeance

      Asus2
That's never free.

Verse 2

Em   **G**
No-one knows what it's like

            D   **Dsus⁴** **D**
To feel these feelings

        Cadd⁹
Like I do

           Asus²
And I blame you!

Em   **G**   **D**   **Dsus⁴** **D**
No-one bites back this hard on their anger,

            Cadd⁹
None of my pain and woe

        Asus²
Can show through.

Chorus 2   As Chorus 1

Link 1 | **E** | **Bm A** | **E** | **Bm A** ‖

Bridge

E   **Bm**   **A**
When my fist clenches crack it open

E   **Bm**   **G**   **D**
Before I use it and lose my cool;

      Bm **A**   **D**
When I smile tell me some bad news

        Bm   **A**   **E** **Bm** **A**
Before I laugh and act like a fool.

E   **Bm**   **A**   **E**
And if I swallow anything evil

        Bm   **G**   **D**
Put your finger down my throat;

      Bm   **A**   **D**
And if I shiver please give me a blanket,

      Bm   **A**   **E** **Bm** **A** **E** **Bm** **A**
Keep me warm, let me wear your coat.

Link 2 | **B** | **A G D** | **B** | **A G D** |

             | **B** | **A G D** | **B** | **B**   ‖

Coda

Em   **G**
No-one knows what it's like

           D   **Dsus⁴** **D**   **Cadd⁹**
To be the bad man,   to be the sad man,

        Asus²
Behind blue eyes.

Big Yellow Taxi

Words & Music by Joni Mitchell

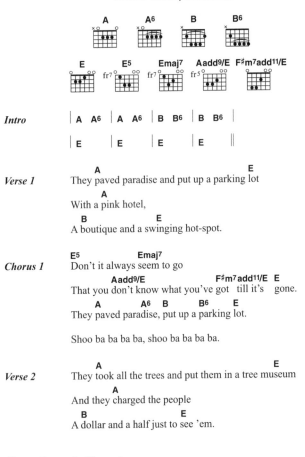

Intro

| A A6 | A A6 | B B6 | B B6 |

| E | E | E | E |

Verse 1

      A   **E**
They paved paradise and put up a parking lot

      A
With a pink hotel,

    B   **E**
A boutique and a swinging hot-spot.

Chorus 1

  E5   **Emaj7**
Don't it always seem to go

      Aadd9/E   **F#m7add11/E E**
That you don't know what you've got   till it's   gone.

    A   **A6** **B**   **B6**   **E**
They paved paradise, put up a parking lot.

Shoo ba ba ba ba, shoo ba ba ba ba.

Verse 2

      A   **E**
They took all the trees and put them in a tree museum

        A
And they charged the people

    B   **E**
A dollar and a half just to see 'em.

Chorus 2   As Chorus 1

Verse 3

    A   E
Hey farmer, farmer, put away that DDT now,

        A
Give me spots on all my apples

    B   E
But leave me the birds and the bees, please!

Chorus 3   As Chorus 1

Verse 4

A   E
Late last night I heard the screen door slam

      A
And a big yellow taxi

B   E
Took away my old man.

Chorus 4   As Chorus 1

Chorus 5

       E5   Emaj7
I said, don't it always seem to go

            Aadd9/E   F#m7add11/E E
That you don't know what you've got till it's gone.

        A   A6   B   B6   E
They paved paradise, put up a parking lot.

Shoo ba ba ba ba,

        A   A6   B   B6   E
They paved paradise, put up a parking lot.

Shoo ba ba ba ba.

        A   A6   B   B6   E | E
They paved paradise, put up a parking lot.

Blowin' In The Wind

Words & Music by Bob Dylan

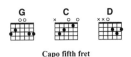

Capo fifth fret

Intro | G ‖

Verse 1
G   C   D   G
How many roads must a man walk down
          C   G
Before you call him a man?
          C   D   G
How many seas must a white dove sail
          C   D
Before she sleeps in the sand?
        G   C   D   G
Yes, 'n' how many times must the cannon balls fly
          C   G
Before they're forever banned?

Chorus 1
       C   D   G   C
The answer, my friend, is blowin' in the wind,
         D   G
The answer is blowin' in the wind.

Link 1 | C D | G C | C D | G ‖

Verse 2

        G   C   D   G
Yes, 'n' how many years can a mountain exist

        C   G
Before it is washed to the sea?

         C   D   G
Yes, 'n' how many years can some people exist

        C   D
Before they're allowed to be free?

        G   C   D   G
Yes, 'n' how many times can a man turn his head,

         C   G
And pretend that he just doesn't see?

Chorus 2   As Chorus 1

Link 2 | C D | G C | C D | G ‖

Verse 3

         C   D   G
Yes 'n' how many times must a man look up

        C   G
Before he can see the sky?

         C   D   G
Yes, 'n' how many ears must one man have

        C   D
Before he can hear people cry?

        G   C   D   G
Yes, 'n' how many deaths will it take till he knows

        C   G
That too many people have died?

Chorus 3   As Chorus 1

Coda | C D | G C | C D | G ‖

Bohemian Like You

Words & Music by Courtney Taylor-Taylor

B   **D**   **A**   **E**

Bsus4   **Dsus4**   **Asus4**   **Esus4**   **E5**
fr2

Intro   ‖: (B) | (D) | (A) | (E) :‖

‖: B Bsus4 B | D Dsus4 D | A Asus4 A | E Esus4 E :‖

| B E5 | B E5 | B E5 ‖

Verse 1

  B   **E5** **B**
    You've got a great car,

       D
Yeah, what's wrong with it today?

  A
I used to have one too,

     E
Maybe I'll come and have a look.

    B   **D**
I really love your hairdo, yeah,

   A
I'm glad you like mine too.

     E
See, we're looking pretty cool, getcha.

Link 1 | B E5 | B E5 | B E5 ‖

Verse 2

  B   **E5** **B**
    So what do you do?

    D
Oh yeah, I wait tables too.

   A
No, I haven't heard your band

    E
'Cause you guys are pretty new.

   B   **D**
But if you dig on vegan food

    A
Well, come over to my work,

    E   **B**
I'll have them cook you something that you really love.

Chorus 1	**D** **A** 'Cause I like you, yeah I like you,

D   **A**

Chorus 1 'Cause I like you, yeah I like you,

       E   **B**
And I'm feeling so bohemian like you.

   D   **A**
Yeah I like you, yeah I like you,

    E
And I feel wa-ho, whoo!

Link 2 ‖: B Bsus⁴ B │ D Dsus⁴ D │ A Asus⁴ A │ E Esus⁴ E :‖

│ B   E⁵ │ B   E⁵ │ B   E⁵ │ B │ ‖
                         Wait!

N.C.   **B**   **D**

Verse 3 Who's that guy just hanging at your pad?

    A
He's looking kind of bummed.

     E
Yeah, you broke up? That's too bad.

     B   **D**
I guess it's fair if he always pays the rent

    A
And he doesn't get bent about

E   **B**
Sleeping on the couch when I'm there.

Chorus 2 As Chorus 1

Link 3 ‖: B Bsus⁴ B │ D Dsus⁴ D │ A Asus⁴ A │ E Esus⁴ E :‖

     B
Chorus 3 And I'm getting wise

    D   **A**
And I feel so bohemian like you.

   E
It's you that I want

  B   **D**   **A**
So please, just a casual, casual easy thing.

E   **B**
Is it? It is for me.

    D   **A**   **E**
And I like you, yeah I like you, and I like you, I like you,

   B   **D**   **A**
 I like you, I like you, I like you, I like you, I like you

    E
And I feel who-hoa, whoo!

Coda ‖: B Bsus⁴ B │ D Dsus⁴ D │ A Asus⁴ A │ E Esus⁴ E :‖

│ B   E⁵ │ B   E⁵ │ B   E⁵ │ B   E⁵ │ B │ ‖

29

Brown Eyed Girl

Words & Music by Van Morrison

G   C   D   D7   Em

Intro
| G | C | G | D | G | C | G | D ‖

Verse 1

G   C
Hey, where did we go

G   D
Days when the rains came?

G   C
Down in the hollow,

G   D
Playing a new game.

G   C
Laughing and a runnin', hey hey,

G   D
Skipping and a - jumpin'

G   C
In the misty morning fog with

G   D
Our, our hearts a - thumpin' and

Chorus 1

C D7   G Em
You, my brown eyed girl.

C   D7   G D
And you, my brown eyed girl.

Verse 2

G   C
And what ever happened

G   D
To Tuesday and so slow?

G   C
Going down to the old mine

    G   D
With a transistor radio.

G   C
Standing in the sunlight laughing,

G   D
Hiding behind a rainbow's wall.

G   C
Slipping and a - sliding

G   D
All along the waterfall with

Chorus 2

```
C    D7                 G    Em
You,   my brown eyed girl.
C           D7          G    D7
   You, my    brown eyed girl.
```

Do you remember when
```
            G
We used to sing
          C           G           D7
Sha la la la la la la,  la la la la de da.
             G           C
Just like that,  sha la la la la la la,
G            D7         (G)
La la la la de da,  la de da.
```

Link

| G | G | G | G | G | C | G | D ‖

Verse 3

```
G            C
   So hard to find my way
G            D
   Now that I'm all on my own
G            C
   I saw you just the other day
G           D
   My how you have grown
G                    C
   Cast my memory back there, Lord
G                D
   Sometimes I'm overcome thinkin' about it
G                  C
   Makin' love in the green grass
G          D
   Behind the stadium with
```

Chorus 3

```
C    D7              G    Em
You,   my brown eyed girl
C            D7          G    D7
   And you, my    brown eyed girl.
```

Do you remember when
```
              G
We used to sing
‖: G          C           G           D7
    Sha la la la la la la, la la la la de da.
  G          C           G           D7
    Sha la la la la la la, la la la la de da, :‖  *Repeat ad lib. to fade*
```

31

California Dreamin'

Words & Music by John Phillips & Michelle Phillips

Asus²   Asus⁴   Am   E⁷sus⁴

G   F   E⁷   C   Fmaj⁷

Capo fourth fret

Intro | Asus² Asus⁴ Am | Asus² Asus⁴ Am | Asus² Asus⁴ Am | E⁷sus⁴ ‖

Verse 1

              Am   G   F
All the leaves are brown
            (All the leaves are brown)

       G   E⁷sus⁴   E⁷
And the sky is grey,
             (And the sky is grey)

F   C   E⁷   Am
I've been for a walk
          (I've been for a walk)

     F   E⁷sus⁴   E⁷
On a winter's day.
             (On a winter's day)

          Am   G   F
I'd be safe and warm
         (I'd be safe and warm)

     G   E⁷sus⁴   E⁷
If I was in L.A._____
       (If I was in L.A._____)

Chorus 1

       Am   G   F
California dreamin'
      (Cal - i - fornia dreamin')

    G   E⁷sus⁴   E⁷
On such a winter's day._____

Verse 2

           Am   G
Stopped into a church

F   G   E⁷sus⁴
   I passed along the way,

E⁷   F   C   E⁷   Am
   Well, I got down on my knees
            (Got down on my knees)

      F   E⁷sus⁴   E⁷
And I pretend to pray.
           (I pretend to pray)

cont.
                             Am   **G**   **F**
  { You know the preacher like the cold
  {   (Preacher like the cold)

        G   **E7sus4**   **E7**
  { He knows I'm gonna stay.
  {   (Knows I'm gonna stay.)

Chorus 2
          Am   **G**   **F**
  { California dreamin'
  {   (Cal - i - fornia dreamin')
    G   **E7sus4**   **E7**
  On such a winter's day. _____

Flute solo
| **Am** | **Am** | **Am** | **Am F** |
| **C** **E7** | **Am F** | **E7sus4** | **E7** |
‖: **Am G** | **F G** | **E7sus4** | **E7** :‖

Verse 3
          Am   **G**   **F**
  { All the leaves are brown
  {   (All the leaves are brown)
       G   **E7sus4**   **E7**
  { And the sky is grey,
  {   (And the sky is grey)
  F   **C**   **E7**   **Am**
  { I've been for a walk
  {   (I've been for a walk)
    F   **E7sus4**   **E7**
  { On a winter's day.
  {   (On a winter's day)
        Am **G**   **F**
  { If I didn't tell her
  {   (If I   didn't tell her)
       G   **E7sus4**   **E7**
  { I could leave today.
  {   (I could leave today.)

Outro
          Am   **G**   **F**
  { California dreamin'
  {   (Cal - i - fornia dreamin')
    G   **Am**   **G**   **F**
  { On such a winter's day,
  {   (California dreamin')
    G   **Am**   **G**   **F**
  { On such a winter's day,
  {   (California dreamin')
    G   **Fmaj7** **Am**
  On such a winter's day. _____

Catch The Wind

Words & Music by Donovan Leitch

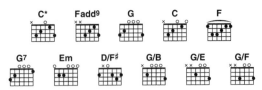

Capo third fret
Tune guitar slightly sharp

Intro | C* | C* | Fadd9 G | C* | Fadd9 | C* | C* ‖

Verse 1

                C*   Fadd9
In the chilly hours and minutes
           C   F
Of uncertainty, I want to be
C*   Fadd9 G   C* | C* | G7 | G7 |
In the warm hold of your lovin' mind,
           C*   Fadd9
To feel you all around me
              C   F
And to take your hand along the sand,
C*   Fadd9 G   C* | Fadd9 | C* | C* ‖
Ah, but I may as well try and catch the wind.

Verse 2

                 C*   Fadd9
When sundown pales the sky,
             C   F
I want to hide a while behind your smile
C*   Fadd9   G   C* | C* | G7 | G7 |
And everywhere I'd look, your eyes I'd find.
             C*   Fadd9
For me to love you now
                  C   F
Would be the sweetest thing, t'would make me sing,
C*   Fadd9 G   C* | Fadd9 | C* | C* ‖
Ah, but I may as well try and catch the wind.

Instrumental	F		F		Em		Em		F		F		
	D/F♯		D/F♯		G/B		G/E		G/F		G/E	‖	

Verse 3

       C*   Fadd9
When rain has hung the leaves with tears

C   F
I want you near to kill my fears,

C*   Fadd9 G   C* | C* | G7 | G7 |
To help me to leave all my blues behind.

  C*   Fadd9
For standin' in your heart

        C*   C F
Is where I want to be and long to be,

C*   Fadd9 G   C* | Fadd9 | C* | C*   ‖
Ah, but I may as well try and catch the wind.

Solo

	C*		C*		Fadd9	Fadd9	C*		C*		F		F	
	C*		C*		Fadd9	G		C*		C*		G7		G7	
	C*		C*		Fadd9	Fadd9	C*		C*		F		F	
	C*		C*		Fadd9	G		C*		Fadd9	C*		C*		

Outro

	C*		C*		Fadd9	Fadd9	C*		C*		F		F	

     C*   Fadd9 G   C* | Fadd9 | C*   ‖
Ah, but I may as well try and catch the wind.

Chiquitita

Words & Music by Benny Andersson & Björn Ulvaeus

A	E	D	D/A	E7	C#m fr4	Esus4

Intro | A | E | D E D | A   D/A ‖

Verse 1

    A   D/A   A   D/A
Chiquitita, tell me what's wrong,

    A   E
You're enchained by your own sorrow,

    D   E   E7   A   D/A
In __ your eyes there is no hope for tomorrow.

    A   D/A   A   D/A
How I hate to see you like this,

    A   C#m
There is no way you can deny it,

E   D   E   E7   A   D/A A
I __ can see that you're oh so sad, so quiet.

Verse 2

    A   D/A   A   D/A
Chiquitita, tell me the truth,

    A   E Esus4 E
I'm a shoulder you can cry on,

    D   E   E7   A   D/A
Your __ best friend, I'm the one you must rely on.

    A   D/A   A   D/A
You were always sure of yourself,

    A   C#m
Now I see you've broken a feather,

E   D   E   E7   A   D/A A
I ____ hope we can patch it up together.

Chorus 1

    A   D
Chiquitita, you and I know

                                         A
How the heartaches come and they go and the scars they're leaving.

                         E   D   E
You'll be dancing once again and the pain will end,

        E7   A
You will have no time for grieving.

                   D
Chiquitita, you and I cry

                            E   **A**
But the sun is still in the sky and shining above you,

                     E   **D**   **E**
Let me hear you sing once more like you did before,

      E7   **A**
Sing a new song, Chiquitita.

         E   **D**   **E**
Try once more like you did before,

      E7   **A**   **D/A**
Sing a new song, Chiquitita.

Verse 3

      A   **D/A**   **A**   **D/A**
  So the walls came tumbling down,

A   **E**   **Esus4** **E**
  And your love's a blown out candle,

   D **E**   **E7**   **A**   **D/A**
All __ is gone and it seems too hard to handle.

A   **D/A**   **A**   **D/A**
  Chiquitita, tell me the truth,

A   **C♯m**
  There is no way you can deny it,

E D E   **E7**   **A**   **D/A A**
I __ see that you're oh so sad, so quiet.

Chorus 2

   A   **D**
  Chiquitita, you and I know

                              A
How the heartaches come and they go and the scars they're leaving.

                 E   **D**   **E**
You'll be dancing once again and the pain will end,

     E7   **A**
You will have no time for grieving.

                D
Chiquitita, you and I cry

                         E **A**
But the sun is still in the sky and shining above you,

                     E   **D**   **E**
Let me hear you sing once more like you did before,

      E7   **A**
Sing a new song, Chiquitita.

         E   **D**   **E**
‖: Try once more like you did before,

      E7   **A**
Sing a new song, Chiquitita. :‖

Circle

Words & Music by Edie Brickell, Kenneth Withrow,
John Bush, Jon Houser & Aly Brandon

D5   A6/C#   Bm7   A   G

Asus4   D   A/C#   Bm   Em

Intro

‖: D5 A6/C# | Bm7 A | G | Asus4 A :‖

Verse 1

  D A/C#   Bm A
Me, I'm a part of your circle of friends

    D A/C#   Bm   A
And we, notice you don't come around.

D A/C#   Bm   A
Me, I think it all depends

   D A/C#   Bm
On you, touching ground with us.

Chorus 1

    A D   A6/C#
But, I quit, I give up,

      Bm7   A   G   Asus4 A
Nothing's good enough for anybody else, it seems,

     D   A6/C#
And I quit, I give up,

      Bm7   A   G   Asus4 A
Nothing's good enough for anybody else, it seems, and

Bm D
 And, being alone

   Em G   Bm
Is the – is the best way to be.

      D
When I'm by myself it's the

Em G Bm
 Best way to be,

      D
When I'm all alone it's the

Em G Bm
 Best way to be,

     D
When I'm by myself

Em   A
Nobody else can say good(bye.)

| *Link 1* | | D5   A/C♯ | Bm7   A | G | Asus4 A |

-bye.

	D A/C♯ Bm
Verse 2	Everything is temporary anyway,

A   D
When the streets are wet –

A/C♯   Bm   A
The colours slip into the sky.

D   A/C♯   Bm
But I don't know why, that means you and I are

A
That means you and I…

	D A6/C♯
Chorus 2	I quit, I give up,

Bm   A   G   Asus4 A
Nothing's good enough for anybody else, it seems,   yeah,

D   A6/C♯
I quit, I give up,

Bm   A   G   Asus4 A
Nothing's good enough for anybody else, it seems,   and,

Bm   D
And, being alone

Em   G   Bm
Is the, is the best way to be.

D
When I'm by myself it's the

Em   G   Bm
Best way to be

D
When I'm all alone it's the

Em   G   Bm
Best way to be,

D
When I'm by myself

Em   A
Nobody else can say…

	D A/C♯ Bm7 A
Outro	Me, I'm a part of your circle of friends

D   A/C♯   Bm7
And we,   notice you don't come around…

| D A/C♯ Bm A | G   A   D | ‖
Ha-la-la-la-la-la-la-la-la!

Climbing To The Moon

Words & Music by Mark Everett

Capo third fret

Intro | C | G | C | G ||

Verse 1
      C   G
    So I wrote it all in a letter

      C   G
    But I don't know if it came.

Fadd9   **C**
    The nurse she likes my writing

Fadd9   **C**
    So she keeps it just like me,

        B♭   **F**
So that it won't get away.

Chorus 1
      C   F   C
    I won't be denied this time

          F   **C**   **G/B**
'Fore I go out of my mind over matters,

       Am
Got my foot on the ladder

      F   **G**   **Em**   **Am**
And I'm climbing up to the moon.

Link 1 | F   G | C | G ||

Verse 2
      C   G
    Got a sky that looks like heaven,

      C   G
    Got an earth that looks like shit,

Fadd9   **C**   **Fadd9**
    And it's getting hard to tell where   what I am ends

       C   **B♭**   **F**   **G**
And what they're making me begins.

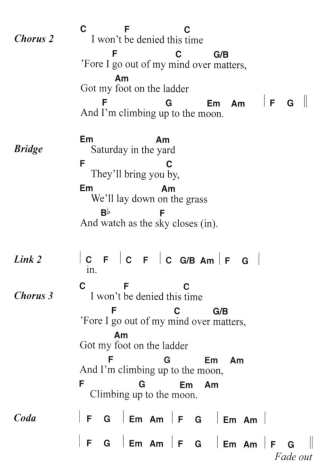

Chorus 2

    C   F   C
I won't be denied this time

            F   C   G/B
'Fore I go out of my mind over matters,

         Am
Got my foot on the ladder

      F   G   Em Am | F   G ‖
And I'm climbing up to the moon.

Bridge

Em   Am
   Saturday in the yard

F   C
   They'll bring you by,

Em   Am
   We'll lay down on the grass

    B♭   F
And watch as the sky closes (in).

Link 2

| C F | C F | C G/B Am | F G |
in.

Chorus 3

C   F   C
I won't be denied this time

      F   C   G/B
'Fore I go out of my mind over matters,

        Am
Got my foot on the ladder

     F   G   Em Am
And I'm climbing up to the moon,

F   G   Em Am
   Climbing up to the moon.

Coda

| F   G | Em Am | F   G | Em Am |

| F   G | Em Am | F   G | Em Am | F   G ‖

Fade out

The Closest Thing To Crazy

Words & Music by Mike Batt

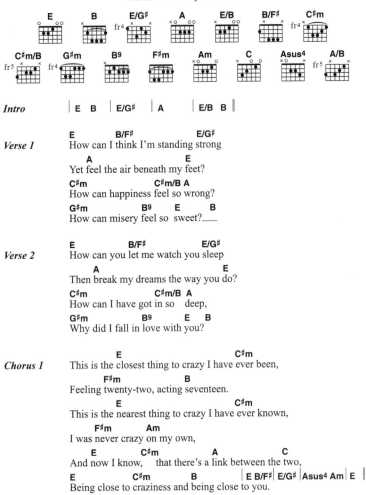

Intro | E B | E/G♯ | A | E/B B ‖

Verse 1

E   B/F♯   E/G♯
How can I think I'm standing strong

       A   E
Yet feel the air beneath my feet?

C♯m   C♯m/B A
How can happiness feel so wrong?

G♯m   B9   E   B
How can misery feel so sweet?___

Verse 2

E   B/F♯   E/G♯
How can you let me watch you sleep

       A   E
Then break my dreams the way you do?

C♯m   C♯m/B A
How can I have got in so deep,

G♯m   B9   E   B
Why did I fall in love with you?

Chorus 1

              E   C♯m
This is the closest thing to crazy I have ever been,

    F♯m   B
Feeling twenty-two, acting seventeen.

             E   C♯m
This is the nearest thing to crazy I have ever known,

      F♯m   Am
I was never crazy on my own,

E   C♯m   A   C
And now I know,   that there's a link between the two,

E   C♯m   B | E B/F♯| E/G♯ |Asus4 Am | E ‖
Being close to craziness and being close to you.

Verse 3

```
E               B/F#          E/G#
How can you make me fall a - part
       A                   E
Then break my fall with loving lies?
C#m          C#m/B  A
It's so easy to break a heart,
G#m          B9        E   B
It's so easy to close your eyes.
```

Verse 4

```
E            B/F#         E/G#
How can you treat me like a child?
      A                  E
Yet like a child I yearn for you.
C#m          C#m/B  A
How can anyone feel so wild?
G#m              B9    E   B
How can anyone feel so blue?
```

Chorus 2

```
            E                      C#m
This is the closest thing to crazy I have ever been,
       F#m              B
Feeling twenty-two, acting seventeen.
            E                    C#m
This is the nearest thing to crazy I have ever known,
       F#m          Am
I was never crazy on my own,
       E        C#m           A              C
And now I know,    that there's a link between the two,
E              C#m          B        | E  C#m |
Being close to craziness and being close to you,
```

Outro

```
A       B          E  C#m
   And being close to you,
A     A/B          E
   And being close to you.
```

Constant Craving

Words & Music by K.D. Lang & Ben Mink

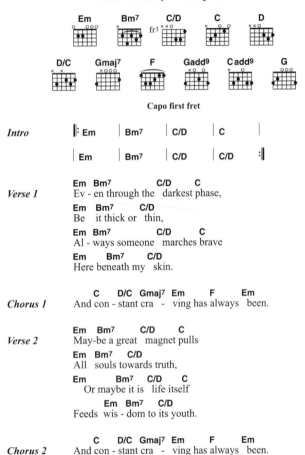

Capo first fret

Intro

‖: Em | Bm7 | C/D | C |

| Em | Bm7 | C/D | C/D :‖

Verse 1

Em Bm7   C/D   C
Ev - en through the   darkest phase,

Em Bm7   C/D
Be   it thick or   thin,

Em   Bm7   C/D   C
Al - ways someone   marches brave

Em   Bm7   C/D
Here beneath my   skin.

Chorus 1

      C   D/C Gmaj7 Em   F   Em
And con - stant cra - ving has always   been.

Verse 2

Em   Bm7   C/D   C
May-be a great   magnet pulls

Em   Bm7   C/D
All   souls towards truth,

Em   Bm7   C/D   C
   Or maybe it is   life itself

       Em   Bm7   C/D
Feeds   wis - dom to its youth.

Chorus 2

      C   D/C Gmaj7 Em   F   Em
And con - stant cra - ving has always   been.

Bridge

Gadd9 Cadd9
Cra - ving,

    G   **Gadd9 D/C C**
Ah-hah, constant   cra - ving

    D   **Cadd9**   **D** **Cadd9**
Has always been, has al - ways been.

Guitar solo

‖: **Em** | **Bm7** | **C/D** | **C** |

| **Em** | **Bm7** | **C/D** | **C/D** :‖

Chorus 3

C   **D/C Gmaj7 Em**   **F**   **Em**
Con - stant cra - ving has always been.

C   **D/C Gmaj7 Em**   **F**   **G**
Con - stant cra - ving has always been.

Coda

Gadd9 Cadd9
Cra - ving,

    G   **Gadd9 D/C C**
Ah-hah, constant   cra - ving

    D   **Cadd9**   **D**   **Cadd9**
‖: Has always___ been, has always___ been. :‖ *Repeat to fade*

Creep

Words & Music by Albert Hammond, Mike Hazlewood, Thom Yorke,
Jonny Greenwood, Colin Greenwood, Ed O'Brien & Phil Selway

G   B   Bsus4   C   Csus4   Cm   C7sus4
fr3   fr2   fr3   fr3   fr3   fr8

Intro | G | G | B | Bsus4 B |

              | C | Csus4 C | Cm | Cm ||

Verse 1
                                          G
When you were here before
                                     B
Couldn't look you in the eye,
                       C
You're just like an angel,
                       Cm
Your skin makes me cry.
                    G
You float like a feather
                 B
In a beautiful world.
                C
I wish I was special,
                   Cm
You're so fuckin' special

Chorus 1
                G   **B**
But I'm a creep, I'm a weirdo.
                       C
What the hell am I doing here?
          Cm   **C7sus4**
I don't be - long here.

Verse 2
                G
I don't care if it hurts,
                B
I wanna have control,
                C
I wanna perfect body,

Cm
I wanna perfect soul.

G
I want you to notice

B
When I'm not around,

C
You're so fuckin' special

Cm
I wish I was special…

Chorus 2

G   **B**
But I'm a creep, I'm a weirdo.

C
What the hell am I doing here?

Cm
I don't be - long here.

C7sus4
Oh, oh.

Bridge

G   **B**
She's running out a - gain,

C
She's running out

Cm
She's run, run, run,

G   **B C**   **Cm**
Run.   Run…

Verse 3

G
Whatever makes you happy

B
Whatever you want,

C
You're so fuckin' special

Cm
I wish I was special…

Chorus 3

G   **B**
But I'm a creep, I'm a weirdo,

C
What the hell am I doing here?

Cm
I don't be - long here,

G
I don't be - long here.

Days

Words & Music by Ray Davies

A	E	D	F	C	G	Am

Intro | A | A |

Verse 1

A   E
    Thank you for the days_____

    D   A   D   A   E   A
Those endless days, those sacred days   you gave me.

                    E
I'm thinking of the days_____

    D   A   D   A   E   A
I won't forget a single day believe me.

    D   A
I bless the light,

    D   A   D   A   E   A
I bless the light that lights on you believe me.

          D   A
And though you're gone

        D   A   D   A   E   A
You're with me every single day believe me.

Chorus 1

F   C   G
Days I'll remember all my life,

F   C   G
Days when you can't see wrong from   right,

     F   C
You took my life

     F   C   F C   G   C
But then I knew that very soon you'd leave me.

     F   C
But it's all right,

      F   C   F   C   G   C
Now I'm not frightened of this world believe me.

Bridge	**E** **Am**

Bridge

     E   **Am**
I wish today, could be tomorrow,

     E
The night is long

          Am   **G**   **F**
It just brings sorrow let it wait,

     E
Ah.____

Verse 2

              A   **E**
Thank you for the days____

        D   **A**   **D**   **A**   **E**   **A**
Those endless days, those sacred days   you gave   me.

                   E
I'm thinking of the days____

        D   **A**   **D**   **A**   **E**   **A**
I won't forget a single day believe me.

Chorus 2   As Chorus 1

Link

     E
Days._____

Verse 3   As Verse 2

Outro

     D   **A**
I bless the light

     D   **A**   **D**   **A**   **E**   **A**
I bless the light that shines on you believe me

       D   **A**
And though you're gone

         D   **A**   **D**   **A**   **E**   **A**
You're with me every single day believe me.

     A
Days._____

Destiny

Words & Music by Jim Brickman, Sean Hosein & Dane DeViller

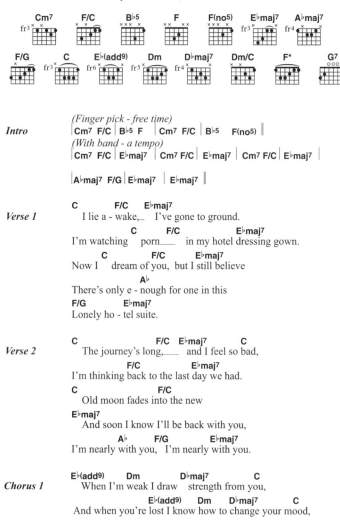

Intro

(Finger pick - free time)
| Cm7 F/C | B♭5 F | Cm7 F/C | B♭5 F(no5) ‖

(With band - a tempo)
| Cm7 F/C | E♭maj7 | Cm7 F/C | E♭maj7 | Cm7 F/C | E♭maj7 |

| A♭maj7 F/G | E♭maj7 | E♭maj7 ‖

Verse 1

   C   F/C E♭maj7
  I lie a - wake,＿ I've gone to ground.

       C F/C   E♭maj7
I'm watching porn＿ in my hotel dressing gown.

    C   F/C   E♭maj7
Now I dream of you, but I still believe

         A♭
There's only e - nough for one in this

F/G   E♭maj7
Lonely ho - tel suite.

Verse 2

   C   F/C E♭maj7   C
  The journey's long,＿ and I feel so bad,

       F/C   E♭maj7
I'm thinking back to the last day we had.

C   F/C
 Old moon fades into the new

E♭maj7
 And soon I know I'll be back with you,

     A♭   F/G   E♭maj7
I'm nearly with you, I'm nearly with you.

Chorus 1

E♭(add9) Dm   D♭maj7   C
  When I'm weak I draw strength from you,

         E♭(add9) Dm   D♭maj7   C
And when you're lost I know how to change your mood,

cont.

         E♭(add9) Dm   **D♭maj7 C**
And when I'm down you breathe life   over me,

        E♭(add9)   **Dm**   **D♭maj7**
Even though we're miles apart we are each other's dest - iny.

Link | **C F/C** | **E♭maj7** | **C F/C** | **E♭maj7** ‖

Verse 3

  C   **F/C**   **E♭maj7**
  On a clear day,____ I'll fly home to you,

        C **F/C**   **E♭maj7**
I'm bending   time getting back to you.

  C   **F/C**
  Old moon fades into the new,

E♭maj7
  And soon I know I'll be back with you.

        A♭   **F/G**   **E♭maj7**
I'm nearly with you, I'm nearly with you.

Chorus 2   As Chorus 1

Chorus 3

E♭(add9)   **Dm**   **D♭maj7**   **C**
  When I'm weak I draw   strength from you,

                  E♭(add9)   **Dm**   **D♭maj7**   **C**
And when you're lost I know how to change your mood,

                  E♭(add9) Dm   **D♭maj7** **C**
And when I'm down you breathe life   over me,

        E♭(add9)
Even though we're miles apart,

Dm   **D♭maj7**   **E♭(add9)**   **Dm** | **D♭maj7 C** |
We are each other's destiny.

Outro   ‖: **E♭(add9) Dm** | **D♭maj7 C** :‖

      | **E♭(add9) Dm** | **D♭maj7** ‖

      ‖: **Cm7 Dm/C** | **F*** :‖ *Play 3 times*

      ‖: **Cm7 Dm/C F***   **Cm7 Dm/C F***   **G7**
      I'll fly,   I'll fly_____ home.____

      Cm7   **Dm/C F***   **G7**
      I'll   fly____   home.____ :‖ *Repeat ad lib. to fade*

Don't Know Why

Words & Music by Jesse Harris

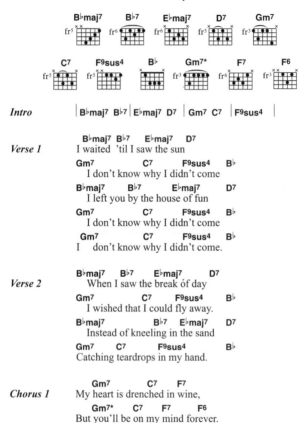

B♭maj7	B♭7	E♭maj7	D7	Gm7
C7	F9sus4	B♭	Gm7*	F7	F6

Intro | B♭maj7 B♭7 | E♭maj7 D7 | Gm7 C7 | F9sus4 |

Verse 1

B♭maj7 B♭7   E♭maj7   D7
I waited 'til I saw the sun

Gm7   C7   F9sus4   B♭
I don't know why I didn't come

B♭maj7   B♭7   E♭maj7   D7
I left you by the house of fun

Gm7   C7   F9sus4   B♭
I don't know why I didn't come

Gm7   C7   F9sus4   B♭
I   don't know why I didn't come.

Verse 2

B♭maj7 B♭7   E♭maj7   D7
When I saw the break of day

Gm7   C7   F9sus4   B♭
I wished that I could fly away.

B♭maj7   B♭7   E♭maj7   D7
Instead of kneeling in the sand

Gm7   C7   F9sus4   B♭
Catching teardrops in my hand.

Chorus 1

Gm7   C7   F7
My heart is drenched in wine,

Gm7*   C7   F7   F6
But you'll be on my mind forever.

Verse 3

B♭maj7 B♭7   E♭maj7   D7
    Out across the endless sea

Gm7   C7   F9sus4   B♭
    I would die in ecstasy

B♭maj7   B♭7 E♭maj7   D7
    But I'll be a bag of bones

Gm7   C7   F9sus4   B♭
Driving down the road alone.

Chorus 2

Gm7   C7   F7
    My heart is drenched in wine,

    Gm7*   C7   F7   F6
But you'll be on my mind forever.

Instrumental   ‖: B♭maj7 B♭7 │ E♭maj7 D7 │ Gm7 C7 │ F9sus4 :‖

Verse 4

B♭maj7   B♭7   E♭maj7   D7
    Something has to make you run

Gm7   C7   F9sus4   B♭
    I don't know why I didn't come.

B♭maj7 B♭7   E♭maj7   D7
I feel as empty as a drum,

Gm7   C7   F9sus4   B♭
    I don't know why I didn't come,

Gm7   C7   F9sus4   B♭
I don't know why I didn't come,

Gm7   C7   F9sus4   B♭
I don't know why I didn't come.

Driftwood

Words & Music by Fran Healy

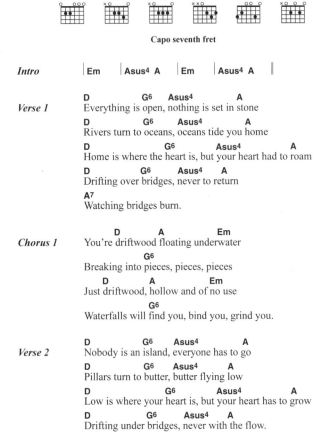

Capo seventh fret

Intro | Em | Asus⁴ A | Em | Asus⁴ A ‖

Verse 1

D   G⁶ Asus⁴   A
Everything is open, nothing is set in stone

D   G⁶ Asus⁴   A
Rivers turn to oceans, oceans tide you home

D   G⁶   Asus⁴   A
Home is where the heart is, but your heart had to roam

D   G⁶ Asus⁴ A
Drifting over bridges, never to return

A⁷
Watching bridges burn.

Chorus 1

     D   A   Em
You're driftwood floating underwater

        G⁶
Breaking into pieces, pieces, pieces

     D   A   Em
Just driftwood, hollow and of no use

        G⁶
Waterfalls will find you, bind you, grind you.

Verse 2

D   G⁶ Asus⁴   A
Nobody is an island, everyone has to go

D   G⁶ Asus⁴   A
Pillars turn to butter, butter flying low

D   G⁶   Asus⁴   A
Low is where your heart is, but your heart has to grow

D   G⁶ Asus⁴ A
Drifting under bridges, never with the flow.

Bridge 1

       Em   **Asus⁴**   **A**
And you really didn't think it would happen

      Em   **Asus⁴**   **A**
But it really is the end of the line

     D   **A**   **Em**
So I'm sorry that you've turned to driftwood

           G⁶   **D**
But you've been drifting for a long, long time.

Interlude

| **Em** | **Asus⁴ A** | **Em** | **Asus⁴ A** | **Em** | **Asus⁴ A** | **Em** | **Em** |

  D   **G⁶**   **Asus⁴**   **A**
Everywhere there's trouble, nowhere's safe to go

  D   **G⁶**   **Asus⁴**   **A**
Pushes turn to shovels, shovelling the snow

  D   **G⁶**   **Asus⁴**   **A**
Frozen you have chosen, the path you wish to go

  D   **G⁶**   **Asus⁴**   **A**
Drifting now forever, and forever more

  A⁷
Until you reach your shore.

Chorus 2   As Chorus 1

Bridge 2

       Em   **Asus⁴**   **A**
And you really didn't think it would happen

      Em   **Asus⁴**   **A**
But it really is the end of the line

     D   **A**   **Em**
So I'm sorry that you've turned to driftwood

           G⁶   **D**
But you've been drifting for a long, long time

           G⁶   **D**
You've been drifting, for a long, long time

           Em
You've been drifting for a long, long

  G⁶   **D**
Drifting for a long, long time.

Don't Panic

Words & Music by Guy Berryman, Chris Martin, Jon Buckland & Will Champion

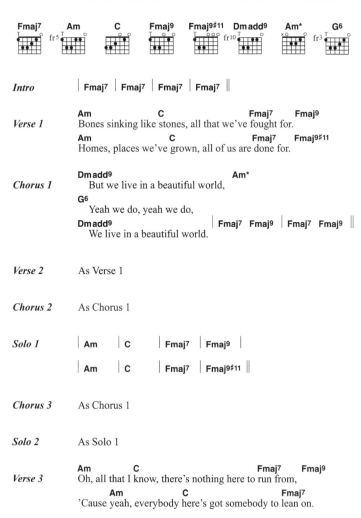

Intro	‖ **Fmaj7** ‖ **Fmaj7** ‖ **Fmaj7** ‖ **Fmaj7** ‖

Verse 1

    Am   **C**   **Fmaj7**   **Fmaj9**
Bones sinking like stones, all that we've fought for.
    Am   **C**   **Fmaj7**   **Fmaj9♯11**
Homes, places we've grown, all of us are done for.

Chorus 1

    Dmadd9   **Am***
  But we live in a beautiful world,
    G6
  Yeah we do, yeah we do,
    Dmadd9   ‖ **Fmaj7** **Fmaj9** ‖ **Fmaj7** **Fmaj9** ‖
  We live in a beautiful world.

Verse 2   As Verse 1

Chorus 2   As Chorus 1

Solo 1   ‖ **Am**   ‖ **C**   ‖ **Fmaj7** ‖ **Fmaj9** ‖

                ‖ **Am**   ‖ **C**   ‖ **Fmaj7** ‖ **Fmaj9♯11** ‖

Chorus 3   As Chorus 1

Solo 2   As Solo 1

Verse 3

    Am   **C**   **Fmaj7**   **Fmaj9**
Oh, all that I know, there's nothing here to run from,
         Am   **C**   **Fmaj7**
'Cause yeah, everybody here's got somebody to lean on.

Ebony And Ivory

Words & Music by Paul McCartney

C#m/B B A/B B11 E F#m7 C#m B* A

Bm/D Ddim C# C#/E# F#m C#sus4 F#maj7 G#m7 C#11

Intro ‖: C#m/B   B | A/B   B11 :‖

Chorus 1
E   F#m7   B11   E   F#m7
Ebony and ivor - y live to - gether in perfect harmo - ny
B11   E   F#m7   B11   E   C#sus4 C#
Side by side on my piano keyboard, oh Lord why don't we?

Verse 1
E   C#m   B*   A   E
     We all know that people are the same where ever you go
                   B*
There is good and bad in ev'ryone
    Bm/D   Ddim   C#   C#/E#
We learn to live,   we learn to give
     F#m   F#m7   B11
Each other what we need to survive to - gether alive.

Chorus 2   As Chorus 1

Bridge
| F#maj7 | G#m7   C#11 | F#maj7 | G#m7   C#11 ‖
F#maj7   G#m7   C#11   F#maj7   B11
Ebony, ivory living in perfect harmony,   ebony, ivory, ooh.

Verse 2   As Verse 1

Chorus 3
E   F#m7   B11   E   F#m7   B11
Ebony and ivor - y live to - gether in perfect harmo - ny
         E   F#m7   B11   E   C#sus4 C#
Side by side on my piano keyboard, oh Lord why don't we?
        F#m7   B11
Side by side on my piano keyboard, oh Lord
E   F#m7   B11 | E | F#m7   B11 |
Why don't we?____

Outro | E | F#m7   B11 | E | F#m7   B11 |

‖: E   F#m7   B11
Ebony, ivory living in perfect harmony. :‖ *Repeat to fade*

Eternal Flame

Words & Music by Susanna Hoffs, Tom Kelly & Billy Steinberg

G   Gsus4   Em   C   D   B7   Em7

A7   Bm7   Am7   Dm7   G/D   F   G/B   F/C

Intro | G | Gsus4 | G | Gsus4 ||

Verse 1

     G   Em   C   D
Close your eyes, give me your hand, darling,

     G   Em   C   D   Em
Do you feel my heart beating, do you understand?

         B7   Em7 A7   D   Bm7
Do you feel the same? Am I only dreaming?

  Am7   G
Is this burning an eternal flame?

Verse 2

    Em   C   D
I believe it's meant to be, darling.

  G   Em   C   D   Em
I watch you when you are sleeping; you belong with me.

       B7   Em7 A7   D   Bm7
Do you feel the same? Am I only dreaming?

  Am7   D
Or is this burning an eternal flame?___

Bridge 1

    Dm7 G/D   D
Say my name, sun shines through the rain.

       F   G   C   G/B   Am Am7
A whole life so lonely, and then you come and ease the pain.

  D   Bm   F/C C D
I don't want to lose this feel - ing, oh:___

Guitar solo | Em B7 | Em7 A7 | D Bm7 Am7 | Am7 ||

Bridge 2

D   Dm7 G/D   D
Say my name, sun shines through the rain.

  F G   C   G/B Am Am7
A whole life so lonely, and then you come and ease the pain.

D Bm   F/C C D
I don't want to lose this feel - ing, oh:___

Verse 3

G   Em C   D
Close your eyes, give me your hand,___

G   Em   C D   Em
Do you feel my heart beating, do you understand?

   B7   Em7 A7 D Bm7
Do you feel the same? Am I only dreaming?

 Am7   G
Or is this burning an eternal flame?___

Verse 4

G   Em C   D
Close your eyes, give me your hand,___

G   Em   C D   Em
Do you feel my heart beating, do you understand?

   B7   Em7 A7 D Bm7
Do you feel the same? Am I only dreaming?

Am7   G
Is this burning an eternal flame?

Verse 5

G   Em C   D
Close your eyes, give me your hand,

G   Em   C D   Em
Do you feel my heart beating, do you understand?

   B7   Em7 A7 D Bm7
Do you feel the same? Am I only dreaming?

Am7   G
An eternal flame?

Verse 6

 ‖: G   Em C   D
  Close your eyes, give me your hand,___

G   Em   C D   Em
Do you feel my heart beating, do you understand?

   B7   Em7 A7 D Bm7
Do you feel the same? Am I only dreaming?

Am7   G
Is this burning an eternal flame? :‖ *Repeat to fade*

Everybody's Talkin'

Words & Music by Fred Neil

D   Dmaj7   D6   D7   Em7   A

Capo second fret

Intro | D   Dmaj7 | D6 Dmaj7 | D   Dmaj7 | D6 Dmaj7 ||

Verse 1

D   Dmaj7   D6   Dmaj7
  Everybody's talkin' at me,

D7
  I can't hear a word they're saying,

Em7 A   Em7   A   D Dmaj7 D6 Dmaj7
  Only the echoes__ of my mind.

D   Dmaj7 D6   Dmaj7
  People stopping, staring

D7
  I can't see their faces,

Em7 A   Em7   A   D Dmaj7 D6 Dmaj7
  Only the shadows of their eyes.

Chorus 1

Em7   A
I'm going where the sun keeps shining

D   D7
  Through the pouring rain.

Em7   A   D   D7
  Going where the weather suits my clothes.

Em7   A
  Backing off of the North East wind,

    D   D7
And   sailing on summer breeze,

Em7   A   D Dmaj7 D6 Dmaj7
  Tripping over the ocean like a stone.

Instrumental | D   Dmaj7 | D6 Dmaj7 | D7 | D7 |

| Em7 A | Em7 A | D   Dmaj7 | D6 Dmaj7 ||

Chorus 2

Em7   A
I'm going where the sun keeps shining

D   D7
 Through the pouring rain.

Em7   A   D D7
 Going where the weather suits my clothes.

Em7   A
 Backing off of the North East wind,

  D   D7
And sailing on summer breeze,

Em7   A   D Dmaj7 D6 Dmaj7
 Tripping over the ocean like a stone.

D Dmaj7   D6 Dmaj7 D Dmaj7 D6 Dmaj7
 Everybody's talkin' at me._____

‖: D Dmaj7 | D6 Dmaj7 | D Dmaj7 | D6 Dmaj7 |

| D Dmaj7 | D6 Dmaj7 | D Dmaj7 | D6 Dmaj7 :‖ D   ‖

Everything I Own

Words & Music by David Gates

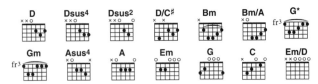

Capo seventh fret
Tune guitar slightly sharp

Intro | D Dsus⁴ D Dsus² D | D Dsus⁴ D Dsus² D ||

Verse 1
D   D/C♯   Bm   Bm/A
   You sheltered me from harm,

        G*   Gm   D   Asus⁴ A
Kept me warm,   kept me wa - rm.

D   D/C♯   Bm   Bm/A
   You gave my life to me,

        G*   Gm   D   Asus⁴ A
Set me free,   set me free._____

Link 1
Em   G   A Asus⁴ A
   The finest years I ever knew,

Em   G   A
   Were all the years I had with you.

Chorus 1
   G   D   Em   A
And I would give any - thing I own,

G   D   Em   A
Give up my life, my heart, my home.

G   D   Em   A
I would give every - thing I own

       G   D   Dsus⁴ D Dsus² D
Just to have you back a - gain.

Verse 2

```
D       D/C♯                  Bm   Bm/A
   You taught me how to laugh
            G*  Gm       D    Asus4 A
What a time,    what a time.
D             D/C♯
   You never said too much
     Bm
But still you showed the way
          C    G                 D Dsus4 D Dsus2 D
And I knew    from watching you.
```

Link 2

```
Em      G               A Asus4 A
   Nobody else could never know
Em        G             A
   The part of me that can't let go.
```

Chorus 2

```
G                 D    Em   A
And I would give any - thing I own,
G         D       Em     A
Give up my life, my heart, my home.
G         D       Em    A
I would give every - thing I own
        G                 D
Just to have you back a - gain.
```

Bridge

```
          Bm
Is there someone you know
          Bm/A
You're loving them so,
     G
But taking them all for granted?
          Em
You may lose them one day,
          Em/D
Someone takes them away,
          C                              A
And they don't hear the words you long to say…
```

Chorus 3   As Chorus 2

Outro

```
        G               D
Just to touch you once again.
```

63

Fairytale Of New York

Words & Music by Shane MacGowan & Jem Finer

Intro | F C F | G C G ‖

Verse 1
                  C   F
It was Christmas Eve, babe, in the drunk tank,
                C   Gsus4   G
An old man said to me "I won't see another one,"
                C   F
And then he sang a song, 'The Rare Old Mountain Dew',
                C   G   C   G
I turned my face away and dreamed about you.

Verse 2
                C   F
Got on a lucky one, came in eighteen to one,
                C   Gsus4   G
I've got a feeling this year's for me and you.
                C   F
So Happy Christmas, I love you baby,
                C   Gsus4   C
I can see a better time when all our dreams come true.

Instrumental | F C F | Gsus4 | C G | C F G C ‖

Verse 3
                C   G   Am   F
They've got cars big as bars, they've got rivers of gold
                C   G
But the wind goes right through you, it's no place for the old.
                C   Am   C   F
When you first took my hand on a cold Christmas Eve
                C   G   C
You promised me Broadway was waiting for me.

Verse 4

                C   G
You were handsome, you were pretty, queen of New York City.
            C   F   G   C
When the band finished playing, they howled out for more.
        C   G
Sinatra was swinging, all the drunks they were singing,
        C   F   G   C
We kissed on a corner then danced through the night.

Chorus 1

            F   Am G   C   Am
And the boys from the NYPD   choir were singin' 'Galway Bay'
            C   F   G   C
And the bells were ringin' out for Christmas Day.

Link 1

| C G Am F | C   G | C Am C F | C   G C ‖

Verse 5

                C   G
You're a bum, you're a punk, you're an old slut on a junk
           C   F   G   C
Lying there almost dead on a drip in that bed.
        C   G
You scumbag, you maggot, you cheap lousy faggot,
        C   F   G   C
Happy Christmas your arse, I pray God it's our last.

Chorus 2   As Chorus 1

Link 2

| C | F | C   F | G C G   ‖

Verse 6

                C   F
I could have been someone, well so could anyone.
                  C   Gsus4   G
You took my dreams from me when I first found you.
             C   F
I kept them with me, babe, I put them with my own,
                  C   F   G   C
I can't make it   all alone, I've built my dreams around you.

Chorus 3   As Chorus 1

Father And Son

Words & Music by Cat Stevens

Intro | G C/G | G C/G | G C/G | G C/G ‖

Verse 1
        G   **D**
It's not time to make a change
      C   **Am7**
Just relax, take it easy.
         G   **Em**
You're still young, that's your fault,
          Am7   **D**
There's so much you have to know.
     G   **D**   **C**   **Am7**
Find a girl, settle down, if you want you can marry,
       G   **Em**   **Am7** **D**
Look at me, I am old but I'm happy.

Verse 2
       G   **D**
I was once like you are now
      C   **Am7**
And I know that it's not easy
    G   **Em**   **Am7**   **D**
To be calm when you found something going on.
        G   **D**
But take your time, think a lot
     C   **Am7**
Think of everything you've got.
      G   **Em**
For you will still be here tomorrow
     D   **G** **C/G** G C/G
But your dreams may not.

Verse 3

      G   Bm7
How can I try to explain?

      C   Am7
When I do he turns away again;

      G   Em   Am7 D
Well, it's always been the same, same old story.

      G   Bm7   C   Am7
From the moment I could talk, I was ordered to listen,

      G   Em   D   G
Now there's a way and I know that I have to go away.

D   C   G C/G G C/G
I know I have to go.

Instrumental | G   D | C Am7 | G   Em | Am7 D |

               | G   D | C Am7 | G   Em | D   G |

               | D   C | G C/G | G C/G ‖

Verse 4

      G   D
It's not time to make a change

      C   Am7
Just sit down and take it slowly

      G   Em
You're still young, that's your fault

      Am7   D
There's so much you have to go through.

      G   D
Find a girl, settle down

      C   Am7
If you want you can marry

      G   Em   Am7 D
Look at me, I am old but I'm happy.

Verse 5

      G   Bm7
All the times that I've cried

      C   Am7
Keeping all the things I know inside;

      G   Em   Am7   D
And it's hard, but it's harder to ignore it.

      G   Bm7
If they were right I'd agree

      C   Am7
But it's them they know not me;

      G   Em
Now there's a way, and I know

      D   G
That I have to go away.

D   C   G
I know I have to go.

Fields Of Gold

Words & Music by Sting

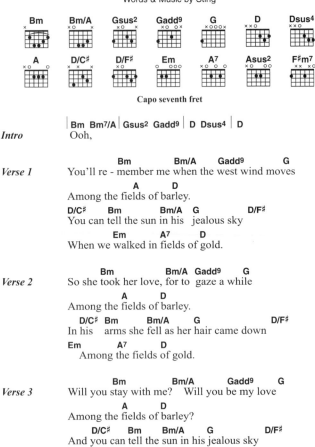

Capo seventh fret

Intro

| Bm Bm⁷/A | Gsus² Gadd⁹ | D Dsus⁴ | D

Ooh,

Verse 1

       Bm   Bm/A   Gadd⁹   G
You'll re - member me when the west wind moves

       A   D
Among the fields of barley.

D/C♯   Bm   Bm/A G   D/F♯
You can tell the sun in his jealous sky

       Em   A⁷   D
When we walked in fields of gold.

Verse 2

      Bm   Bm/A Gadd⁹   G
So she took her love, for to gaze a while

       A   D
Among the fields of barley.

   D/C♯ Bm   Bm/A   G   D/F♯
In his   arms she fell as her hair came down

Em   A⁷   D
  Among the fields of gold.

Verse 3

      Bm   Bm/A   Gadd⁹   G
Will you stay with me? Will you be my love

       A   D
Among the fields of barley?

     D/C♯   Bm   Bm/A   G   D/F♯
And you can tell the sun in his jealous sky

       Em   A⁷   D   F♯m⁷
When we walked in fields of gold.

Bridge 1

Gsus2   A   D   D/F#
I never made promises lightly,

Gsus2   A   D   D/F#
And there have been some that I've broken,

Gsus2   A   Bm   Bm/A
But I swear in the days still left,

        Gadd9 Asus2 Bm Bm/A
We will walk in fields of gold,

        Gadd9   A   D   D/C#
We'll   walk in fields of gold.

Guitar solo | Bm Bm/A | Gadd9 G | G A | D   D/C#|

| Bm Bm/A | G   D/F# | Em A | D   D/C#|

| Bm Bm/A | Gadd9 G | G A | D   D/C#|

| Bm Bm/A | G   D/F# | Em A | D   F#m7‖

Bridge 2   As Bridge 1

Interlude | Bm Bm/A | Gsus2 | D Dsus4 |D
   Ooh._____

Verse 4

D/C# Bm   Bm/A   Gadd9   G
Many   years have passed since those summer days

          A   D
Among the fields of barley.

D/C#   Bm   Bm/A   G   D/F#
See the children run as the sun goes down

Em   A7   D
  As you lie in fields of gold.

Verse 5   As Verse 1

Outro

        Gsus2   A   Bm
When we walked in fields of gold,

Bm/A   Gadd9   A   N.C.   D
  When we walked in fields of gold.

| Bm Bm/A | Gadd9 | D Dsus4 | D   ‖
Ooh.

Fisherman's Blues

Words & Music by Mike Scott & Steve Wickham

[chord diagrams: G, F, Am, C]

Intro ‖: G | G | F | F | Am | Am | C | C :‖

Verse 1

    G   F
I wish I was a fisherman tumbling on the seas

Am   C
   Far away from dry land and its bitter memories,

   G   F
   Casting out my sweet life with abandonment and love,

Am   C
   No ceiling bearing down on me save the starry sky above.

               G
With light in my head,

          F   G Am | Am ‖
And you in my arms.   Whoo!

Link 1 | G | G | F | F | Am | Am | C | C ‖

Verse 2

   G   F
I wish I was the brakeman on a hurtling fevered train

           Am   C
Crashing a-headlong into the heartland like a cannon in the rain

        G   F
With the beating of the sleepers and the burning of the coal,

Am   C
Counting the towns flashing by and the night that's full of soul.

               G
With light in my head,

          F   G Am | Am ‖
And you in my arms.   Whoo!

Link 2 ‖: G | G | F | F | Am | Am | C | C :‖

Verse 3

      G   **F**
Tomorrow I will be loosened from bonds that hold me fast,

     Am   **C**
When the chains hung all around me   will fall away at last.

           G   **F**
And on that   fine and fateful day I will take me in my hands,

     Am   **C**
I will   ride on the train, I will be the fisherman

              G
With light in my head,

     F
You in my arms.

        G   **Am** | **Am** | **C** | **C**   ‖
Whoo - ooo - ooh.

Link 3   ‖: **G** | **G** | **F** | **F** | **Am** | **Am** | **C** | **C** :‖

Coda   ‖:   **G**
             Light in my head,

     F
You in my arms,

     G   **Am**
Light in my head,

     C
You.____   :‖   *Repeat to fade*

For Emily, Whenever I May Find Her

Words & Music by Paul Simon

Dsus2   C/D   G   G/F#   Em

D   Cmaj7   A   C   G/B

Capo third fret

Intro | Dsus2 | C/D | Dsus2 | C/D ||

Verse 1

Dsus2
What a dream I had

G   **G/F# Em**
Pressed in organ - die,

D
Clothed in crinoline

Cmaj7
Of smoky burgundy,

G   **A**
Softer than the rain.

Verse 2

D
I wandered empty streets down

G   **G/F# Em**
Past the shop dis - plays,

D
I heard cathedral bells

Cmaj7   **G**
Tripping down the alleyways_____

   A
As I walked on.

Verse 3

D
And when you ran to me, your

G   **G/F♯** **Em**
Cheeks flushed with the   night,

D
We walked on frosted fields

Cmaj7
Of juniper and lamplight.

G   **A**
I held your hand.____

Link | **D** | **G** **G/F♯ Em** | **D** | **Cmaj7 G** | **A**   ‖

Verse 4

D
And when I awoke

G   **G/F♯ Em**
And felt you warm and   near,

D
I kissed your honey hair

Cmaj7   **G**
With my grateful tears.

   A   **C**
Oh, I love you girl.____

    G/B **G** **G/F♯**
Oh, I   love you.

Forever Autumn

Words by Paul Vigrass & Gary Osborne
Music by Jeff Wayne

Dm   C   Cadd9   B♭   F/A

Gm   F   F/A*   E♭/G   E♭maj7

Intro
| Dm | Dm | Dm | Dm ‖

Verse 1

Dm   C   Cadd9
The summer sun is fading as the year grows old

B♭   F/A   Gm   F   C   Gm C Gm
And darker days are drawing near,

B♭   Cadd9
The winter winds will be much colder

Chorus 1

                  Dm | Dm | Dm | Dm ‖
Now you're not here._____

Verse 2

Dm   C   Cadd9
I watch the birds fly south across the autumn sky

B♭   F/A   Gm   F   C   Gm C Gm
And one by one they disap - pear.

B♭   Cadd9
I wish that I was flying with them

Chorus 2

                  Dm | Dm ‖
Now you're not here.

Bridge 1

B♭   F/A*   E♭/G   Dm
Like a song through the trees you came to love me,

B♭   F/A*   E♭/G   Dm C B♭   Am E♭maj7
Like a leaf on a breeze you blew a - way.

Link 1
| Dm | Dm | Dm | Dm ‖

74

Verse 3

Dm   **C**   **Cadd⁹**
Through autumn's golden gown we used to kick our way,

B♭   **F/A**   **Gm**   **F**   **C**   **Gm C Gm**
You always loved this time of year.

B♭   **Cadd⁹**
Those fallen leaves lie un - disturbed now

Chorus 3

               Dm
'Cause you're not here.

               Cadd⁹
'Cause you're not here.

               Dm | **Dm** ‖
'Cause you're not here._____

Instrumental | **Dm** | **Dm** | **C** | **Cadd⁹** | **B♭ F/A** | **Gm F** | **C Gm** | **C Gm** ‖

| **Dm** | **Dm** | **Cadd⁹** | **Cadd⁹** ‖

| **Dm** | **Dm** | **Cadd⁹ C** | **Cadd⁹ C** | **Dm** | **Dm** ‖

Bridge 2

B♭   **F/A***   **E♭/G**   **Dm**
Like the song through the trees you came to love me

B♭   **F/A***   **E♭/G**   **Dm C B♭**   **Am E♭maj⁷**
Like a leaf on a breeze you blew a - way.

Link 2

| **Dm** | **Dm** | **Dm** | **Dm** ‖

Verse 4

Dm   **C**   **Cadd⁹**
A gentle rain falls softly on my weary eyes

B♭   **F/A Gm**   **F**   **C**   **Gm C Gm**
As if to hide a lonely tear.

B♭   **Cadd⁹**
My life will be forever autumn.

Outro

               Dm
‖: 'Cause you're not here.

              Cadd⁹
'Cause you're not here.

              Dm | **Dm** ‖
'Cause you're not here._____

Repeat to fade

| **B♭** | **B♭** | **Dm** | **Dm** | **Dm** | **Dm** :‖

4th Of July

Words & Music by Aimee Mann

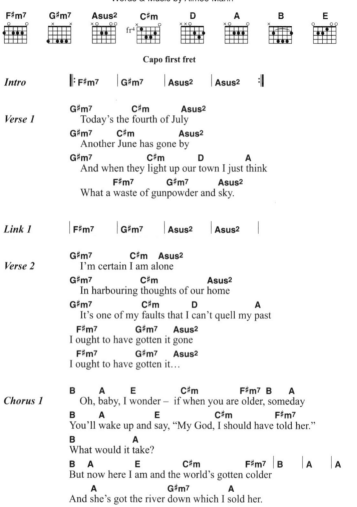

Capo first fret

Intro ‖: F♯m7 | G♯m7 | Asus2 | Asus2 :‖

Verse 1

    G♯m7   C♯m   Asus2
Today's the fourth of July
    G♯m7   C♯m   Asus2
Another June has gone by
    G♯m7   C♯m   D   A
And when they light up our town I just think
          F♯m7   G♯m7   Asus2
What a waste of gunpowder and sky.

Link 1 | F♯m7 | G♯m7 | Asus2 | Asus2 |

Verse 2

    G♯m7   C♯m Asus2
I'm certain I am alone
    G♯m7   C♯m   Asus2
In harbouring thoughts of our home
    G♯m7   C♯m   D   A
It's one of my faults that I can't quell my past
    F♯m7   G♯m7   Asus2
I ought to have gotten it gone
    F♯m7   G♯m7   Asus2
I ought to have gotten it…

Chorus 1

    B   A   E   C♯m   F♯m7 B A
Oh, baby, I wonder – if when you are older, someday
    B   A   E   C♯m   F♯m7
You'll wake up and say, "My God, I should have told her."
    B   A
What would it take?
    B A   E   C♯m   F♯m7 |B |A |A |
But now here I am and the world's gotten colder
       A   G♯m7   A
And she's got the river down which I sold her.

| A | Asus2 | Asus2 | G♯m7 | Asus2 | Asus2 | Asus2 | Asus2 |

Verse 3

G♯m7   C♯m   Asus2
   So that's today's memory lane

G♯m7   C♯m   Asus2
   With all the pathos and the pain

G♯m7   C♯m   D   A
   Another chapter in a book where the chapters are

F♯m7   G♯m7   Asus2
Endless and they're always the same

  F♯m7   G♯m7   Asus2
A verse, then a verse, and refrain.

Chorus 2

B   A   E   C♯m   F♯m7 B   A
Oh, baby, I wonder if when you are older, someday

B   A   E   C♯m   F♯m7
You'll wake up and say, "My God, I should have told her."

B   A
What would it take?

B   A   E   C♯m   F♯m7 | B | A | A |
But now here I am and the world's gotten colder

  A   G♯m7   A
And she's got the river down which I sold her.

| A | A | A | |

  A   G♯m7   A
Yeah, she's got the river down which I sold her.

Gravity

Words & Music by Guy Berryman, Chris Martin, Jon Buckland & Will Champion

C   Am7   Em   F   Asus2   Asus2/G   Fsus2   Gsus4/D

Capo third fret

Intro ‖: C | Am7 | Em | F :‖

Verse 1
    C   Am7   Em
Honey, it's been a long time coming
    F   C
And I can't stop now

    Am7   Em
Such a long time running
    F   C
And I can't stop now.

Verse 2
    Am7   Em
Do you hear my heart beating?
    F   C
Can you hear that sound?
    Am7   Em
'Cause I can't help thinking
    F   C | C
And I don't look down.

Chorus 1
    F
And then I looked up at the sun
    C
And I could see
    Asus2   Asus2/G Fsus2
Oh, the way that gravity turns for you and me
    F
And then I looked up at the sky
    C
And saw the sun
    Asus2   Asus2/G   Fsus2
And the way that gravity pulls on every - one,
    Gsus4/D | Gsus4/D
On every - one.

Verse 3

C   Am7   Em
Baby, it's been a long time waiting

      F   C
Such a long, long time

     Am7   Em
And I can't stop smiling

   F   C
No I can't stop now.

Verse 4

          Am7   Em
But do you hear my heart beating?

        F   C
Oh can you hear that sound?

     Am7   Em
'Cause I can't help crying

    F   C | C |
And I won't look down.

Chorus 2

          F
And then I looked up at the sun

         C
And I could see

     Asus2   Asus2/G Fsus2
Oh, the way that gravity turns on you and me

          F
And then I looked up at the sun

         C
And saw the sky

     Asus2   Asus2/G Fsus2
And the way that gravity pulls on you and I

           Gsus4/D | Gsus4/D |
On you and I.

Instrumental ‖: C | Am7 | Em | Fsus2 :‖

Outro

C   Am7   Em
  Can you hear my heart beating?

     F   C
Oh you hear that sound?

     Am7   Em
'Cause I can't help crying

    F   C
And I won't look down.

Half The World Away

Words & Music by Noel Gallagher

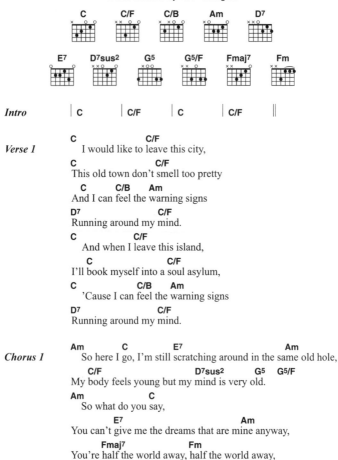

Intro | C | C/F | C | C/F ||

Verse 1
   C   **C/F**
   I would like to leave this city,
  C   **C/F**
This old town don't smell too pretty
    C **C/B** **Am**
And I can feel the warning signs
D7   **C/F**
Running around my mind.
  C   **C/F**
  And when I leave this island,
    C   **C/F**
I'll book myself into a soul asylum,
C   **C/B** **Am**
  'Cause I can feel the warning signs
D7   **C/F**
Running around my mind.

Chorus 1
  Am   **C**   **E7**   **Am**
  So here I go, I'm still scratching around in the same old hole,
  C/F   **D7sus2**   **G5** **G5/F**
My body feels young but my mind is very old.
Am   **C**
  So what do you say,
     E7   **Am**
You can't give me the dreams that are mine anyway,
    Fmaj7   **Fm**
You're half the world away, half the world away,

cont.

     C   **C/B**   **Am**
Half the world away.

        D⁷   **C/F** | **C/F** ||
I've been lost, I've been found but I don't feel down.

Link | **C** | **C/F** | **C** | **C/F** ||

Verse 2

C   **C/F**
  And when I leave this planet,

     C   **C/F**
You know I'd stay but I just can't stand it

    C   **C/B**   **Am**
And I can feel the warning signs,

D⁷   **C/F**
Running around my mind.

C   **C/F**
  And if I could leave this spirit,

    C   **C/F**
I'd find me a hole and I'll live in it,

     C   **C/B**   **Am**
And I   can feel the warning signs,

D⁷   **C/F**
Running around my mind.

Chorus 2

Am   **C**   **E⁷**   **Am**
  Here I go,   I'm still scratching around in the same old hole,

    C/F   **D⁷sus²**   **G⁵**   **G⁵/F**
My body feels young but my mind is very old.

Am   **C**
  So what do you say,

       E⁷   **Am**
You can't give me the dreams that are mine anyway,

       Fmaj⁷   **Fm**
You're half the world away, half the world away,

C   **C/B**   **Am**
Half the world away.

       D⁷   **C/F**
I've been lost, I've been found but I don't feel down.

No I don't feel down, no I don't feel down.

Outro ||: **C** | **C/F** | **C** | **C/F**   :|| *Repeat to fade*
                Don't feel down.

Hallelujah

Words & Music by Leonard Cohen

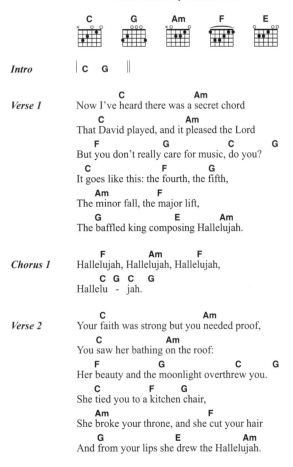

| C | G | Am | F | E |

Intro | C   G   ‖

Verse 1
                  C   Am
Now I've heard there was a secret chord
      C   Am
That David played, and it pleased the Lord
      F   G   C   G
But you don't really care for music, do you?
    C   F   G
It goes like this: the fourth, the fifth,
      Am   F
The minor fall, the major lift,
      G   E   Am
The baffled king composing Hallelujah.

Chorus 1
        F   Am   F
Hallelujah, Hallelujah, Hallelujah,
      C G C   G
Hallelu - jah.

Verse 2
        C   Am
Your faith was strong but you needed proof,
      C   Am
You saw her bathing on the roof:
      F   G   C   G
Her beauty and the moonlight overthrew you.
      C   F   G
She tied you to a kitchen chair,
      Am   F
She broke your throne, and she cut your hair
      G   E   Am
And from your lips she drew the Hallelujah.

   F   Am   F
Hallelujah, Hallelujah, Hallelujah,

   C G C   G
Hallelu - jah.

Verse 3

  C   Am
You say I took the name in vain,

C   Am
I don't even know the name,

    F   G   C   G
But if I did, well really, what's it to you?

         C   F   G
There's a blaze of light in every word,

  Am   F
It doesn't matter which you heard:

   G   E   Am
The holy or the broken Hallelujah.

Chorus 3

   F   Am   F
Hallelujah, Hallelujah, Hallelujah,

   C G C   G
Hallelu - jah.

Verse 4

  C   Am
I did my best, it wasn't much,

  C   Am
I couldn't feel, so I tried to touch.

   F   G   C   G
I've told the truth, I didn't come to fool you

   C   F   G
And even though it all went wrong

  Am   F
I'll stand before the Lord of Song

   G   E   Am
With nothing on my tongue   but Hallelujah.

Chorus 4

     F   Am   F
‖: Hallelujah, Hallelujah, Hallelujah,

   C G
Hallelu - jah. :‖ *Repeat to fade*

Heaven

Words & Music by Bryan Adams & Jim Vallance

C   Am   G   F   Dm

Bb   Gsus4   F/A   C/E   G/B

Intro | C   Am | G   F | C   Am | G   F ||

Verse 1

        C   Am   G
   Oh, thinking about all our younger years,

           Dm   Am
There was only you and me.

         Bb   Gsus4   G
We were young and wild and free,

C   Am   G
   Now nothing can take you away from me.

          Dm   Am
We've been down that road before

          Bb   F/A
But that's over now,

         Gsus4   G
You keep me coming back for more.

Chorus 1

       F   G   Am
Baby you're all that I want:

              C   F
When you're lying here in my arms

          G   Am   G
I'm finding it hard to believe, we're in heaven.

     F   G   Am
And love is all that I need

       C   F
And I found it there in your heart,

        G   Am   G
It isn't too hard to see we're in heaven.

Link | C   Am | G   F ||

Verse 2

```
        C      Am                      G
      Oh, once in your life you find someone
              Dm                     Am
      Who will turn your world around,
                 B♭                    Gsus4  G
      Bring you up when you're feeling down.
        C      Am                              G
         Yeah, nothing could change what you mean to me.
                  Dm               Am
      Oh, there's lots that I could say
                 B♭              F/A
      But just hold me now,
                 Gsus4                 G
      'Cause our love will light the way.
```

Chorus 2

```
              F       G       Am
      And  baby you're all that I want
                      C              F
      When you're lying here in my arms
                      G       Am         G
      I'm finding it hard to believe we're in heaven.
              F       G       Am
      Yeah, love is all that I need
                      C                  F
      And I found it there in your heart,
                      G       Am         G
      It isn't too hard to see we're in heaven.
```

Middle

```
      Dm                     C/E     F
        I've been waiting for so long
                      G     Am                      G/B
      For something   to arrive, for love to come along.____
      C  Dm                      C/E     F
          Now our dreams are   coming true
                               C
      Through the good times and the bad.
                  Gsus4         G
      Yeah, I'll be standing there by you.
```

Solo

```
      | F  G  Am  | C    F    | F  G  Am  | G          ‖
```

Chorus 3

As Chorus 2

```
              F
      Heaven.____
```

Coda

```
      | F  G  Am  | C    F    |
              F       G       Am         G
      You're all that I want, you're all that I need.____    Fade out
```

85

Here, There And Everywhere

Words & Music by John Lennon & Paul McCartney

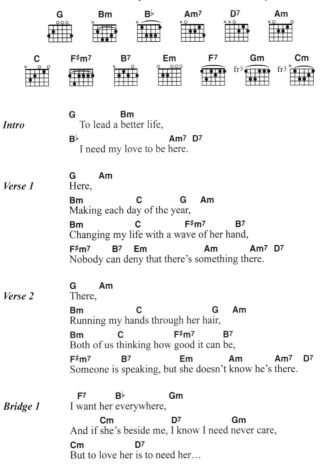

Intro

G   Bm
To lead a better life,

B♭   Am7 D7
I need my love to be here.

Verse 1

G   Am
Here,

Bm   C   G   Am
Making each day of the year,

Bm   C   F♯m7   B7
Changing my life with a wave of her hand,

F♯m7   B7   Em   Am   Am7 D7
Nobody can deny that there's something there.

Verse 2

G   Am
There,

Bm   C   G   Am
Running my hands through her hair,

Bm   C   F♯m7   B7
Both of us thinking how good it can be,

F♯m7   B7   Em   Am   Am7 D7
Someone is speaking, but she doesn't know he's there.

Bridge 1

F7   B♭   Gm
I want her everywhere,

          Cm   D7   Gm
And if she's beside me, I know I need never care,

Cm   D7
But to love her is to need her…

Verse 3

G   Am
Everywhere.

Bm   C   G   Am
Knowing that love is to share,

Bm   C   F♯m7   B7
Each one believing that love never dies,

F♯m7   B7   Em   Am   Am7   D7
Watching their eyes and hoping I'm always there.

Bridge 2

F7   B♭   Gm
I want her everywhere,

Cm   D7   Gm
And if she's beside me, I know I need never care,

Cm   D7
But to love her is to need her…

Verse 4

G   Am
Everywhere.

Bm   C   G   Am
Knowing that love is to share,

Bm   C   F♯m7   B7
Each one believing that love never dies,

F♯m7   B7   Em   Am   Am7   D7
Watching their eyes and hoping I'm always there.

Coda

        G   Am
I will be there

        Bm   C
And everywhere,

G   Am   Bm   C   G
Here, there and everywhere.___

How Deep Is Your Love

Words & Music by Barry Gibb, Maurice Gibb & Robin Gibb

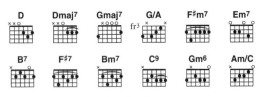

Capo first fret

Intro ‖: D | Dmaj⁷ | Gmaj⁷ | G/A :‖

Verse 1

           D   **F♯m⁷**   **Em⁷**
I know your eyes in the morning sun,

B⁷   **Em⁷**   **F♯⁷**   **G/A**
I feel you touch me in the pouring rain,

          D   **F♯m⁷**   **Bm⁷**
And the moment that you wander far from me

  Em⁷   **G/A**
I wanna feel you in my arms again.

     Gmaj⁷   **F♯m⁷**
And you come to me on a summer breeze,

     Em⁷   **C⁹**
Keep me warm in your love, then you softly leave

     F♯m⁷   **G/A**
And it's me you need to show: (How deep is your love)

Chorus 1

      D   **Dmaj⁷**
How deep is your love, how deep is your love,

Gmaj⁷   **Gm⁶**
I really mean to learn.

         D   **Am/C**
'Cause we're living in a world of fools

     B⁷   **Em⁷**
Breaking us down, when they all should let us be,

   Gm⁶
We belong to you and me.

Verse 2

    D   **F♯m7**   **Em7**
    I believe in you,

B7   **Em7**   **F♯7**   **G/A**
You know the door to my very soul,

               D   **F♯m7**   **Bm7**
You're the light in my deepest, darkest hour,

          Em7   **G/A**
You're my saviour when I fall.

       Gmaj7   **F♯m7**
And you may not think that I care for you

       Em7   **C9**
When you know down inside that I really do,

       F♯m7   **G/A**
And it's me you need to show.

Chorus 2   As Chorus 1

Instrumental | **D F♯m7** | **Em7 B7** | **Em7 F♯7** | **G/A** |

              | **D F♯m7** | **Bm7** | **Em7** | **G/A** ||

Verse 3

       Gmaj7   **F♯m7**
And you come to me on a summer breeze,

          Em7   **C0**
Keep me warm in your love, then you softly leave

         F♯m7   **G/A**
And it's me you need to show: (How deep is your love)

Chorus 3

          D   **Dmaj7**
‖: How deep is your love, how deep is your love,

Gmaj7   **Gm6**
I really mean to learn.

          D   **Am/C**
'Cause we're living in a world of fools

       B7   **Em7**
Breaking us down, when they all should let us be,

       Gm6
We belong to you and me.

     | **D F♯m7** | **G/A** | **G/A** :‖   *Repeat to fade*

89

Hurt

Words & Music by Trent Reznor

Am   C   Dsus²   Am⁷   Fadd⁹   C*   G

Intro
```
| Am   | C  Dsus² | Am   | C  Dsus² ||
```

Verse 1

```
Am  C        Dsus²   Am
 I hurt my - self   to - day,
```
```
      C      Dsus²  Am
To see if I still    feel.
```
```
     C      Dsus²      Am
I focus       on the pain,
```
```
        C     Dsus²     Am
The only thing that's real.
```
```
        C        Dsus²    Am
The needle tears a  hole
```
```
        C         Dsus²    Am
The old fa - miliar  sting,
```
```
          C       Dsus²      Am
Try to kill it       all a - way,
```
```
            C          Dsus²  G
But I re - member every - thing.
```

Chorus 1

```
Am⁷              Fadd⁹  C*
What have I be - come?
```
```
             G
My sweetest friend.
```
```
Am⁷        Fadd⁹
Everyone I know,
```
```
           C*      G
Goes a - way in the end.
```
```
       Am⁷              Fadd⁹
And you could have it all,
```
```
G
My empire of dirt.
```
```
Am⁷          Fadd⁹
I will let you down,
```
```
G            Am  | C  Dsus² | Am   | C  Dsus² ||
I will make you hurt.
```

  Am   **C**   **Dsus²** **Am**
      I wear this crown of thorns

     C   **Dsus²** **Am**
Up - on my liars   chair

C   **Dsus²** **Am**
Full of broken thoughts,

C   **Dsus²** **Am**
I can - not re - pair.

    C   **Dsus²** **Am**
Be - neath the stains of time,

    C   **Dsus²**   **Am**
The feelings   disap - pear,

C   **Dsus²**   **Am**
You are someone else,

C   **Dsus²**   **G**
I am still right here.

Am⁷   **Fadd⁹ C***
What have I be - come?

         G
My sweetest friend.

Am⁷   **Fadd⁹**
Everyone I know,

       C*   **G**
Goes a - way in the end.

   Am⁷   **Fadd⁹**
And you could have it all,

G
My empire of dirt.

Am⁷   **Fadd⁹**
I will let you down,

G
I will make you hurt.

  Am⁷   **Fadd⁹**
If I could start a - gain,

  G
A million miles away,

Am⁷   **Fadd⁹**
I would keep my - self

G*
I would find a way.

If Tomorrow Never Comes

Words & Music by Garth Brooks & Kent Blazy

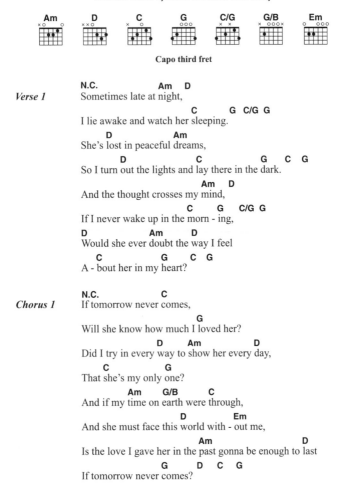

Capo third fret

Verse 1

N.C.   Am   D
Sometimes late at night,

                    C   G C/G G
I lie awake and watch her sleeping.

       D   Am
She's lost in peaceful dreams,

        D   C   G   C G
So I turn out the lights and lay there in the dark.

                        Am   D
And the thought crosses my mind,

                     C   G   C/G G
If I never wake up in the morn - ing,

D   Am   D
Would she ever doubt the way I feel

     C   G   C G
A - bout her in my heart?

Chorus 1

N.C.   C
If tomorrow never comes,

                      G
Will she know how much I loved her?

               D   Am   D
Did I try in every way to show her every day,

     C   G
That she's my only one?

         Am   G/B   C
And if my time on earth were through,

                D   Em
And she must face this world with - out me,

                    Am   D
Is the love I gave her in the past gonna be enough to last

             G   D   C   G
If tomorrow never comes?

Verse 2

N.C.   **Am   D**
'Cause I've lost loved ones in my life,

                             C   G   C/G G
Who never knew how much I loved them.

     D   **Am**
Now I live with the re - gret

                  D   **C**   **G**   **C G**
That my true feelings for them never were re - vealed.

                         Am   D
So I made a promise to my - self,

                      C   **G**   **C/G G**
To say each day how much she means to me.

     D   **Am**
And avoid that circum - stance

                          D   **C**   **G**   **C G**
Where there's no second chance to tell her how I feel.

Chorus 2

         Am   **G/B**   **C**
If to - mor - row never   comes,

                               G
Will she know how much I loved her?

                 D   **Am**   **D**
Did I try in every way to show her every day,

     C   **G**
That she's my only one?

         Am   **G/B**   **C**
And if my time on earth were through,

                        D   **Em**
And she must face this world with - out me.

                         Am   **D**
Is the love I gave her in the past gonna be enough to last

               G   **D**   **C**   **G**
If tomorrow never comes?

Outro

                       Am
So tell that someone that you love,

     C   **D**
Just what you're thinking of,

                G   **D**   **C**   **G**
If tomorrow never comes.

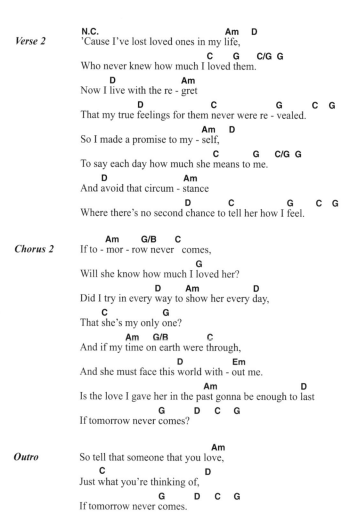

If You Leave Me Now

Words & Music by Peter Cetera

Intro | B Bmaj⁹ B Bmaj⁹ | B Bmaj⁹ B |

| B Bmaj⁹ B Bmaj⁹ | B ‖

(If you)

Verse 1

 Bmaj⁷
If you leave me now,

 G♯m⁷   D♯m⁷
You'll take away the biggest part of me.

 G♯m C♯⁷   F♯   B Bmaj⁹ B
Ooh__ no baby, please don't go.

 Bmaj⁷
And if you leave me now,

 G♯m⁷   D♯m⁷
You'll take away the very heart of me.

 G♯m⁷ C♯⁷   F♯   B
Ooh__ no baby, please don't go

 G♯m⁷ C♯m⁷ F♯   B Bmaj⁹ B
Ooh__ girl, I just want you to stay.

Bridge 1

 Esus²   Am/E   E
 A love like ours is a love that's hard to find,

G♯m⁷   E   F♯*   B*   A♯m⁷ D♯⁷
 How could we let it slip a - way?

 Esus²   Am/E   E   G♯m⁷
 We've come too far to leave it all be - hind

G♯m⁷   E   F♯*   B
 How could we end it all this way?

 D♯m⁷   G♯m⁷
When to - morrow comes and we both regret

 C♯m   D♯m⁷ Em
The things we said to - day.

Guitar solo | **Bmaj⁷** | **G♯m⁷** | **D♯m⁷** | **D♯m⁷** |

| **G♯m⁷ C♯⁷** | **F♯** | **B** | **G♯m⁷ C♯⁷** |

| **F♯** | **B Bmaj⁹** | **B** ‖

Bridge 2

Esus²   **Am/E**   **E**
A love like ours is a love that's hard to find,

G♯m⁷   **E**   **F♯***   **B***   **A♯m⁷ D♯⁷**
How could we let it slip a - way?

Esus²   **Am/E**   **E**   **G♯m⁷**
We've come too far to leave it all be - hind

G♯m⁷   **E**   **F♯***   **B**
How could we end it all this way?

        D♯m⁷   **G♯m⁷**
When to - morrow comes and we both regret

     C♯m   **D♯m⁷ Em**
The things we said to - day.

Verse 2

     Bmaj⁷
If you leave me now

    G♯m⁷   **D♯m⁷**
You'll take away the biggest part of me.

     G♯m⁷ **C♯⁷**   **F♯**   **B**
Ooh___   no baby, please don't go.

Link 1 | **G♯m⁷ C♯⁷** | **F♯** | **B Bmaj⁹ B Bmaj⁹** | **B Bmaj⁹ B** |

G♯m⁷   **C♯⁷**   **F♯**   **B**
Ooh,___ girl, just got to have you by my side.

Link 2 | **G♯m⁷ C♯⁷** | **F♯** | **B Bmaj⁹ B Bmaj⁹** | **B Bmaj⁹ B** |

    G♯m⁷ C♯⁷   **F♯**   **B**
Ooh___ no baby, please don't go.

Outro ‖: **G♯m⁷ C♯⁷** | **F♯** | **B Bmaj⁹ B Bmaj⁹** | **B Bmaj⁹ B** |

G♯m⁷   **C♯⁷**   **F♯**   **B**
Ooh___ my, my, I just got to have your lovin'. :‖ *Repeat to fade ad lib.*

Imagine

Words & Music by John Lennon

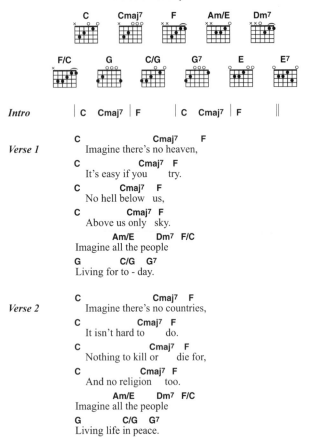

Intro | C Cmaj7 F | C Cmaj7 F ||

Verse 1

C   Cmaj7   F
Imagine there's no heaven,

C   Cmaj7 F
It's easy if you   try.

C   Cmaj7 F
No hell below us,

C   Cmaj7 F
Above us only sky.

        Am/E   Dm7 F/C
Imagine all the people

G   C/G G7
Living for to - day.

Verse 2

C   Cmaj7 F
Imagine there's no countries,

C   Cmaj7 F
It isn't hard to   do.

C   Cmaj7 F
Nothing to kill or   die for,

C   Cmaj7 F
And no religion too.

        Am/E   Dm7 F/C
Imagine all the people

G   C/G G7
Living life in peace.

Chorus 1

F   G   C   Cmaj7 E E7
You may say I'm a dreamer,

F   G   C Cmaj7 E E7
But I'm not the only one.

F   G   C   Cmaj7 E E7
I hope some day you'll join us,

F   G   C
And the world will be as one.

Verse 3

C   Cmaj7 F
Imagine no posses - sions,

C   Cmaj7 F
I wonder if you can.

C   Cmaj7 F
No need for greed or hunger,

C   Cmaj7 F
A brotherhood of man.

    Am/E Dm7 F/C
Imagine all the people

G   C/G G7
Sharing all the world.

Chorus 2

F   G   C   Cmaj7 E E7
You may say I'm a dreamer,

F   G   C Cmaj7 E E7
But I'm not the only one.

F   G   C   Cmaj7 E E7
I hope some day you'll join us,

F   G   C
And the world will live as one.

In My Place

Words & Music by Guy Berryman, Chris Martin, Jon Buckland & Will Champion

G   G/F♯   Bm   D

Em   Em7   D/F♯   D6   D7

Capo second fret

Intro | 2 bars drums ‖

‖: G   G/F♯ | Bm   D | G   Em | Bm   D :‖

Verse 1

G   G/F♯   Bm   D   G
In my place, in my place were lines that I couldn't change
      Em7   Bm   D
I was lost, oh yeah.
G   G/F♯   Bm   D   G
And I was lost, I was lost, crossed lines I shouldn't have crossed
      Em   Bm   D
I was lost, oh yeah.

Chorus 1

C   G   D/F♯   C
Yeah, how long must you wait for it?
                    G   D/F♯   C
Yeah, how long must you pay for it?
                    G   D/F♯   C
Yeah, how long must you wait for it?
D
   Ah, for it?

Link | G   G/F♯ | Bm   D | G   Em | Bm   D ‖

Verse 2

```
G        G/F♯            Bm      D                   G
   I was scared, I was scared, tired and under-prepared,
        Em7     Bm      D
But I'll wait for it.
G        G/F♯            Bm      D                   G
   And if you go, if you go and leave me down here on my own,
        Em     Bm       D
Then I'll wait for you, yeah.
```

Chorus 2

```
C        G              D/F♯    C
Yeah, how long must you wait for it?
         G              D/F♯    C
Yeah, how long must you pay for it?
         G              D/F♯    C
Yeah, how long must you wait for it?
D
   Ah, for it?
```

Instrumental

```
‖: G    G/F♯  | Bm    D      | G     Em    | Bm    D      :‖
```

Middle

```
        G      G/F♯       Bm
Singing: "Please, please, please,
        D               G      Em        Bm
Come back and sing to me, to me, ah me.
        D               G    G/F♯   Bm
Come on and sing it out, now, now
        D               G      Em        Bm
Come on and sing it out, to me, ah me
        D
Come back and sing it."
```

Outro

```
G        G/F♯       Bm      D                G
   In my place, in my place were lines that I couldn't change
        Em7     D6
I was lost, oh yeah.
D7  G
Oh yeah.
```

Jealous Guy

Words & Music by John Lennon

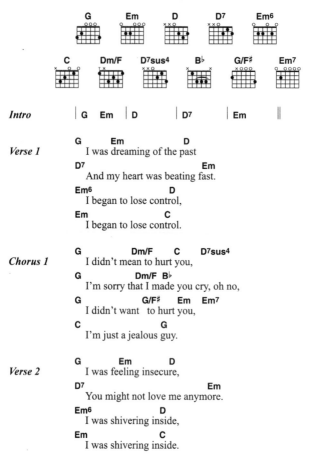

Intro | G   Em | D | D7 | Em ||

Verse 1

G   Em   D
   I was dreaming of the past
D7   Em
   And my heart was beating fast.
Em6   D
   I began to lose control,
Em   C
   I began to lose control.

Chorus 1

G   Dm/F   C   D7sus4
   I didn't mean to hurt you,
G   Dm/F Bb
   I'm sorry that I made you cry, oh no,
G   G/F#   Em   Em7
   I didn't want   to hurt you,
C   G
   I'm just a jealous guy.

Verse 2

G   Em   D
   I was feeling insecure,
D7   Em
   You might not love me anymore.
Em6   D
   I was shivering inside,
Em   C
   I was shivering inside.

Chorus 2   As Chorus 1

Verse 3 | **G   Em** | **D** | **D7** | **Em** |
(whistle) | **Em6** | **D7** | **Em** | **C**   ‖

Chorus 3   As Chorus 1

Verse 4

G   **Em**   **D**
  I was trying to catch your eyes,
D7   **Em**
  Thought that you was trying to hide.
Em6   **D**
  I was swallowing my pain,
Em   **C**
  I was swallowing my pain.

Chorus 4

G   **Dm/F**   **C**   **D7sus4**
  I didn't mean to hurt you,
G   **Dm/F B♭**
  I'm sorry that I made you cry, oh no,
G   **G/F♯**   **Em**   **Em7**
  I didn't want to hurt you,
C   **G**
  I'm just a jealous guy.
      C   **G**
Watch out,   I'm just a jealous guy,
      C   **G**
Look out, babe,   I'm just a jealous guy.

The Joker

Words & Music by Steve Miller, Eddie Curtis & Ahmet Ertegun

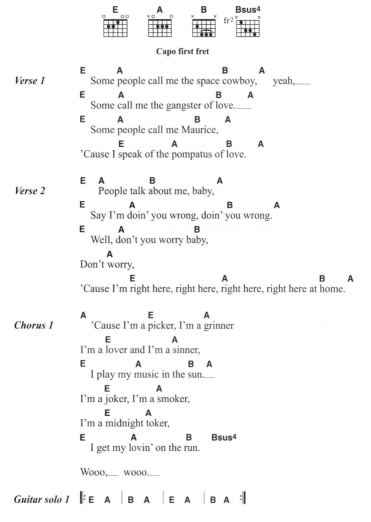

Capo first fret

Verse 1
E   A   B   A
Some people call me the space cowboy,   yeah,___
E   A   B   A
Some call me the gangster of love.___
E   A   B   A
Some people call me Maurice,
          E   A   B   A
'Cause I speak of the pompatus of love.

Verse 2
E A   B   A
  People talk about me, baby,
E   A   B   A
  Say I'm doin' you wrong, doin' you wrong.
E   A   B
  Well, don't you worry baby,
        A
Don't worry,
        E   A   B   A
'Cause I'm right here, right here, right here, right here at home.

Chorus 1
A   E   A
  'Cause I'm a picker, I'm a grinner
      E   A
I'm a lover and I'm a sinner,
E   A   B A
  I play my music in the sun.___
      E   A
I'm a joker, I'm a smoker,
      E   A
I'm a midnight toker,
E   A   B   Bsus4
  I get my lovin' on the run.

Wooo,___ wooo.___

Guitar solo 1 ‖: E A | B A | E A | B A :‖

Verse 3

E   A   B   A
You're the cutest thing that I ever did see,

    E   A   B   A
I really love your peaches, want to shake your tree.

E   A   B   A
    Lovey-dovey, lovey-dovey, lovey-dovey all the time,____

E   A   B   A
    Ooo-weee baby, I'll sure show you a good time.

Chorus 2

A   E   A
    'Cause I'm a picker, I'm a grinner,

        E   A
I'm a lover and I'm a sinner,

E   A   B   A
    I play my music in the sun.__

        E   A
I'm a joker, I'm a smoker,

        E   A
I'm a midnight toker,

E   A   B   A
    I sure don't want to hurt no-one.

Guitar solo 2 | E A | E A | E A | B A |

                      | E A | E A | E A | Bsus⁴ ‖

Link

Bsus⁴
Wooo,__ Wooo.__

Verse 4

E   A   B   A
Peo - ple keep talking a - bout me baby,

E   A   B   A
    They say I'm doin' you wrong.

E   A   B   A
    Well don't you worry, don't worry, no don't worry mama,

E   A   B   A
    'Cause I'm right here at home.

Verse 5

E A   B   A
    You're the cutest thing I ever did see,

E   A   B   A
Really love your peaches want to shake your tree.

E   A   B   A
    Lovey-dovey, lovey-dovey, lovey-dovey all the time,

E   A   B   A
    Come on baby and I'll show you a good time.   *Fade out*

Jolene

Words & Music by Dolly Parton

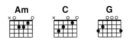

Capo fourth fret

Intro | Am | Am | Am | Am ‖

Chorus 1
    Am   C   G   Am
Jolene, Jolene, Jolene, Jolene
    G   **Am**
I'm begging of you please don't take my man.
       C   **G**   **Am**
Jolene, Jolene, Jolene, Jolene
G   **Am**
Please don't take him just because you can.

Verse 1
    Am   **C**
Your beauty is beyond compare,
    G   **Am**
With flaming locks of auburn hair,
    G   **Am**
With ivory skin and eyes of emerald green.
              C
Your smile is like a breath of spring,
    G   **Am**
Your voice is soft like summer rain,
    G   **Am**
And I cannot compete with you, Jolene.

Verse 2
    Am   **C**
He talks about you in his sleep
    G   **Am**
And there's nothing I can do to keep
    G   **Am**
From crying when he calls your name, Jolene.

C
And I can easily understand

G   **Am**
How you could easily take my man

    G   **Am**
But you don't know what he means to me, Jolene.

Chorus 2

Am **C** **G** **Am**
Jolene, Jolene, Jolene, Jolene

  G   **Am**
I'm begging of you please don't take my man.

      C **G** **Am**
Jolene, Jolene, Jolene, Jolene

G   **Am**
Please don't take him just because you can.

Verse 3

Am   **C**
You could have your choice of men,

  G   **Am**
But I could never love again,

G   **Am**
He's the only one for me, Jolene.

      C
I had to have this talk with you,

  G   **Am**
My happiness depends on you

    G   **Am**
And whatever you decide to do, Jolene.

Chorus 3

Am **C** **G** **Am**
Jolene, Jolene, Jolene, Jolene

  G   **Am**
I'm begging of you please don't take my man.

      C **G** **Am**
Jolene, Jolene, Jolene, Jolene

G   **Am**
Please don't take him even though you can.

Jolene, Jolene.

Outro   ‖: **Am** | **Am** | **Am** | **Am** :‖ *Repeat to fade*

Just Like Heaven

Words by Robert Smith
Music by Robert Smith, Simon Gallup, Porl Thompson,
Boris Williams & Laurence Tolhurst

A   E   Bm   D   F#m   G

Intro   *(Bass only)*
| A | E | Bm | D ‖

‖: A | E | Bm | D :‖ *Play 7 times*

Verse 1
                      A   **E**
"Show me, show me, show me how you do that trick,
   Bm   **D**
The one that makes me scream," she said,
   A   **E**
"The one that makes me laugh." she said,
   Bm   **D**
And threw her arms a - round my neck,
   A   **E**
"Show me how you do it,
   Bm   **D**   **A**   **E**
And I'll promise you, I'll promise that I'll run a - way with you,
   Bm   **D**
I'll run a - way with you."

Instrumental 1 ‖: A | E | Bm | D :‖ *Play 4 times*

Verse 2
   A   **E**
Spinning on that dizzy edge
   Bm   **D**
I kissed her face, I kissed her head
    A   **E**   **Bm**   **D**
And dreamed of all the different ways I had to make her glow.
 A   **E**   **Bm**
"Why are you so far away?" she said,
      D   **A**   **E**
"And won't you ever know, that I'm in love with you,
   Bm   **D**
That I'm in love with you."

Chorus 1

F#m   G
You, soft and only
F#m   G
You, lost and lonely
F#m   G
You, strange as angels,
D
Dancing in the deepest oceans,
D
Twisting in the water
              A   E
You're just like a dream,
              Bm   D
You're just like a dream.

Instrumental 2 ‖: A | E | Bm | D   :‖ *Play 3 times*

Verse 4

A   E
Daylight licked me into shape,
 Bm   D
I must have been a - sleep for days,
    A   E
And moving lips to breathe her name,
 Bm   D
I opened up my eyes,
     A   F   Bm
And found myself a - lone, alone, a - lone
       D
Above a raging sea
    A   E
That stole the only girl I loved
     Bm   D
And drowned her deep in - side of me.

Outro

F#m G
You, soft and only
F#m G
You, lost and lonely
F#m G   D
You, just like Heaven.

Juxtapozed With U

Words & Music by Huw Bunford, Gruff Rhys, Cian Ciaran, Dafydd Ieuan & Guto Pryce

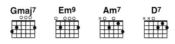

Gmaj⁷ **Em⁹** **Am⁷** **D⁷**

Capo second fret

Intro ‖: Gmaj⁷ | Em⁹ | Am⁷ | D⁷ :‖

Verse 1

Gmaj⁷
It's easy when you know how,
Em⁹
To get along without biff, bang, pow!
Am⁷
And if I see you fed up,
D⁷
I'll stop and give you a leg up.
Gmaj⁷   **Em⁹**
Over-priced unreal estate, surreal estate,
                                    Am⁷
The highest price they've hit to date,
                    D⁷
Creating new divides and tension.

Chorus 1

                    Gmaj⁷
You've got to tolerate
              Em⁹
All those people that you hate,
              Am⁷
I'm not in love with you
              D⁷
But I won't hold that against you.
                    Gmaj⁷
You've got to tolerate
              Em⁹
All those people that you hate,
              Am⁷
I'm not in love with you
              D⁷
But I won't hold that against you.

Verse 1

Gmaj⁷

 This is a tale of two situations,

Em⁹

Mutual appreciation.

Am⁷

 Away from narrow preconception,

D⁷

Avoiding conflict hyper-tension.

Gmaj⁷   **Em⁹**

Non-phobic word aerobic,_____

Am⁷

This was my domain

  D⁷

'Til someone stole my name.

Chorus 2 As Chorus 1

Refrain |: **Gmaj⁷**

    |: Let's get juxtaposed, juxtaposed,

Em⁹   **Am⁷** **D⁷**

Just suppose I juxtapose with you._____ :| *Play 4 times*

Chorus 2 As Chorus 1

      N.C.

Let's get juxtaposed.

Killing Me Softly
With His Song

Words by Norman Gimbel
Music by Charles Fox

| Em | Am | D | G | A | C | F | E | B7 |

Chorus 1

(Em)   (Am)
Strumming my pain with his fin - gers,
(D)   (G)
Singing my life with his words,
(Em)   (A)
Killing me softly with his song,
          (D)   (C)
Killing me soft - ly with his song,
          (G)   (C)
Telling my whole life with his words,
          (F)   (E)
Killing me softly with his song.

Link   *(Drum rhythm for 8 bars)*

Verse 1

(Am)   (D)
   I heard he sang a good song,
(G)   (C)
   I heard he had a smile,
(Am)   (D)
   And so I came to see him
      (Em)
And listen for a while.
(Am)   (D)
   And there he was, this young boy,
(G)   (B7)
   A stranger to my eyes.

Chorus 2

Em   **Am**
Strumming my pain with his fin - gers,
D   **G**
Singing my life with his words,
Em   **A**
Killing me softly with his song,
                  D   **C**
Killing me soft - ly with his song,
                    G   **C**
Telling my whole life with his words,
              F   **E**
Killing me softly with his song.

Verse 2

(Am)   **(D)**   **(G)**
   I felt all flushed with fever,
                     (C)
Embarrassed by the crowd,
(Am)   **(D)**
   I felt he found my letters
        (Em)
And read each one out loud.
(Am)   **(D)**
   I prayed that he would finish,
(G)   **(B7)**
   But he just kept right on…

Chorus 3   As Chorus 2

Middle

Em   **Am**   **D**   **G**
Oh, _____ oh, _____
Em   **A**
La la la la la la,
D   **C**   **G**   **C F   E**
Woh la, woh la, _____ la.

Chorus 4   ‖: As Chorus 2 :‖   *Repeat to fade with ad lib. vocal*

Kokomo

Words & Music by John Phillips, Scott McKenzie, Mike Love & Terry Melcher

C   F   Cmaj⁷   Gm   Dsus²   Fm   Am   Dm

Intro

(C)
Aruba, Jamaica, oooh, I wanna take you.

(F)
Ber - muda, Bahama, come on pretty mama.

(C)
Key Largo, Montego, baby why don't we go,

(F)
Ja - maica.

Verse 1

              C   Cmaj⁷
Off the Florida Keys,

Gm   F
   There's a place called Kokomo,

Fm   C
   That's where you wanna go,

       Dsus²   G
To get a - way from it all.

C   Cmaj⁷
   Bodies in the sand,

Gm   F
   Tropical drink melting in your hand.

Fm   C
   We'll be falling in love,

       Dsus²   G
To the rhythm of a steeldrum band.

Down in (Kokomo).

Chorus 1

       C
A - ruba, Jamaica, oooh, I wanna take you,

    F
To Bermuda, Bahama,

Come on pretty mama,

    C
Key Largo, Montego,

                     F
Ooo, I wanna take you down to Kokomo,

cont.

Fm
We'll get there fast,

C
And then we'll take it slow.

Am   **Dm**   **G**
That's where we wanna go,

C
Way down to Koko - mo.

(To Martinique, that Monserrat mystique).

C   **Cmaj7** **Gm**   **F**
Verse 2   We'll put out to sea,   and we'll perfect our chemistry,

Fm   **C**   **Dsus2** **G**
By and by we'll de - fy a little bit of gravity.

C   **Cmaj7**
Afternoon de - light,

Gm   **F**
Cocktails and moonlit nights.

Fm   **C**
That dreamy look in your eye,

Dsus2   **G**
Give me a tropical contact high.

Way down in Kokomo,

Chorus 2   As Chorus 1

(Port-Au-Prince I wanna catch a glimpse).

Instrumental | **C** | **Cmaj7** | **Gm** | **F** | **Fm** | **C** |

| **Dsus2** | **G** |

C   **Cmaj7** **Gm**   **F**
Verse 3   Everybody knows,   a little place like Kokomo.

Fm   **C**
Now if you wanna go,

Dsus2   **G**
And get away from it all, go down to (Kokomo).

Chorus 3   As Chorus 1   *Repeat to fade*

113

Layla

Words & Music by Eric Clapton & Jim Gordon

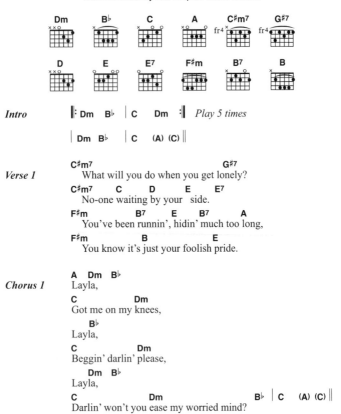

Intro ‖: Dm B♭ | C Dm :‖ *Play 5 times*

| Dm B♭ | C (A) (C) ‖

Verse 1

C#m7   G#7
What will you do when you get lonely?
C#m7   C   D   E   E7
No-one waiting by your   side.
F#m   B7   E   B7   A
You've been runnin', hidin' much too long,
F#m   B   E
You know it's just your foolish pride.

Chorus 1

A   Dm B♭
Layla,
C   Dm
Got me on my knees,
      B♭
Layla,
C   Dm
Beggin' darlin' please,
      Dm B♭
Layla,
C   Dm   B♭ | C (A) (C) ‖
Darlin' won't you ease my worried mind?

Verse 2

C#m7   G#7
Tried to give you consolation

C#m7   C D E E7
Your old man let you down.

F#m B7 E B7 A
Like a fool, I fell in love with you,

F#m   B   E
You turned my whole world upside down.

Chorus 2   As Chorus 1

Verse 3

C#m7   G#7
Make the best of the situation

C#m7   C D E E7
Before I finally go insane.

F#m   B7   E B7 A
Please don't say we'll never find a way,

F#m B   E A
Tell me all my love's in vain.

Chorus 3

     Dm B♭
‖: Layla,

C   Dm
Got me on my knees,

    B♭
Layla,

C   Dm
Beggin' darlin' please,

   Dm B♭
Layla,

C   Dm   B♭ C Dm
Darlin' won't you ease my worried mind?   :‖

Solo   ‖: Dm B♭ | C Dm :‖ *Play 8 times*

Chorus 4   As Chorus 3

Light My Fire

Words & Music by Jim Morrison, Robbie Krieger, Ray Manzarek & John Densmore

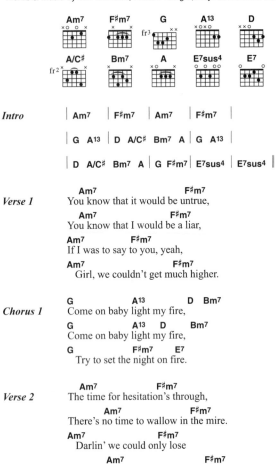

Intro | Am⁷ | F♯m⁷ | Am⁷ | F♯m⁷ |

| G A¹³ | D A/C♯ Bm⁷ A | G A¹³ |

| D A/C♯ Bm⁷ A | G F♯m⁷ | E⁷sus⁴ | E⁷sus⁴ ‖

Verse 1

    Am⁷   F♯m⁷
You know that it would be untrue,

    Am⁷   F♯m⁷
You know that I would be a liar,

Am⁷   F♯m⁷
If I was to say to you, yeah,

Am⁷   F♯m⁷
   Girl, we couldn't get much higher.

Chorus 1

G   A¹³   D   Bm⁷
Come on baby light my fire,

G   A¹³   D   Bm⁷
Come on baby light my fire,

G   F♯m⁷   E⁷
   Try to set the night on fire.

Verse 2

    Am⁷   F♯m⁷
The time for hesitation's through,

        Am⁷   F♯m⁷
There's no time to wallow in the mire.

Am⁷   F♯m⁷
  Darlin' we could only lose

        Am⁷   F♯m⁷
And our love become a funeral pyre.

Chorus 2   As Chorus 1

Instrumental ‖: Am⁷ | F♯m⁷ | Am⁷ | F♯m⁷ :‖

        | G A¹³ | D Bm⁷ | G A¹³ | D Bm⁷ |

        | G F♯m⁷ | E⁷ | E⁷ | ‖

Verse 3

(E⁷)   Am⁷   F♯m⁷
Well, you know that it would be untrue,
        Am⁷   F♯m⁷
And you know that I would be a liar,
     Am⁷   F♯m⁷
If I was to go and tell you,
    Am⁷   F♯m⁷
Mamma, we couldn't get much higher.

Chorus 3

         G   A¹³   D   Bm⁷
‖: Yeah, come on baby light my fire,
 G   A¹³   D   Bm⁷
Come on baby light my fire,yeah
 G   F♯m⁷ E⁷
Try to set the night on fire. :‖ *Repeat to fade with ad lib. vocal*

Linger

Words by Dolores O'Riordan
Music by Dolores O'Riordan & Noel Hogan

Dsus⁴   **D**   **A⁶**   **A**   **C**   **Cmaj⁷**   **G**

Intro   ‖: Dsus⁴ | D | Dsus⁴ | D :‖ Dsus⁴ ‖

| A⁶   A | A⁶ | C   Cmaj⁷ | C   Cmaj⁷ | G | G ‖

Verse 1
D
If you, if you could return,
A⁶
Don't let it burn, don't let it fade.
C
I'm sure I'm not being rude, but it's just your attitude,
G
It's tearing me apart, it's ruining everything.

Verse 2
D
I swore, I swore I would be true,
A⁶
And honey, so did you,
C
So why were you holding her hand?

Is that the way we stand?
G
Were you lying all the time?

Was it just a game to you?

Chorus 1
D
But I'm in so deep,
A⁶
You know I'm such a fool for you,
C   **Cmaj⁷**
You got me wrapped around your finger, ah, ah, ha.
C   **G**
  Do you have to let it linger?

Do you have to, do you have to,
D
Do you have to let it linger?

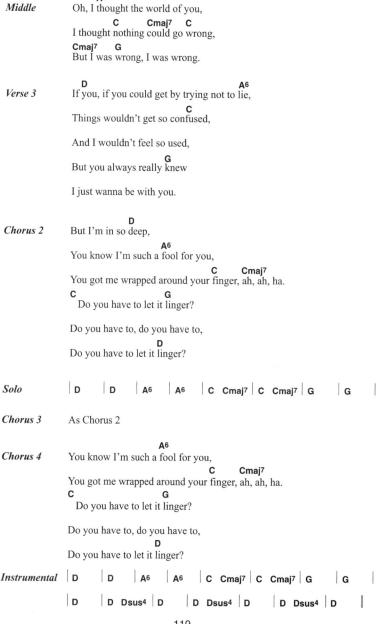

Middle

A6
Oh, I thought the world of you,

C   Cmaj7   C
I thought nothing could go wrong,

Cmaj7   G
But I was wrong, I was wrong.

Verse 3

D   A6
If you, if you could get by trying not to lie,

C
Things wouldn't get so confused,

And I wouldn't feel so used,

G
But you always really knew

I just wanna be with you.

Chorus 2

D
But I'm in so deep,

A6
You know I'm such a fool for you,

C   Cmaj7
You got me wrapped around your finger, ah, ah, ha.

C   G
  Do you have to let it linger?

Do you have to, do you have to,

D
Do you have to let it linger?

Solo | D | D | A6 | A6 | C Cmaj7 | C Cmaj7 | G | G ||

Chorus 3   As Chorus 2

Chorus 4

A6
You know I'm such a fool for you,

C   Cmaj7
You got me wrapped around your finger, ah, ah, ha.

C   G
  Do you have to let it linger?

Do you have to, do you have to,

D
Do you have to let it linger?

Instrumental | D | D | A6 | A6 | C Cmaj7 | C Cmaj7 | G | G |

                | D | D Dsus4 | D | D Dsus4 | D | D Dsus4 | D ||

Lost Cause

Words & Music by Beck Hansen

Fmaj7   C   Gadd11/B   Am   E7   G6   A7

Intro ‖: Fmaj7 | C   Gadd11/B :‖ *Play 4 times*

Verse 1

Fmaj7   C   Gadd11/B
Your sorry eyes

Fmaj7   C   Gadd11/B
Cut through the bone

Fmaj7   C   Gadd11/B
They make it hard

Am   E7
To leave you alone

Fmaj7   C   Gadd11/B
Leave you here

Fmaj7   C   Gadd11/B
Wearing your wounds

Fmaj7   C   Gadd11/B
Waving your guns

Am   E7
At somebody new.

Chorus 1

Fmaj7   G6
Baby you're lost

Fmaj7   G6
Baby you're lost

Fmaj7   G6   C
Baby you're a lost cause.

Verse 2

Fmaj7   C   Gadd11/B
There's too many people

Fmaj7   C   Gadd11/B
You used to know

Fmaj7   C   Gadd11/B
They see you coming

Am   E7
They see you go

cont.	**Fmaj7** **C** **Gadd11/B** They know your secrets

Fmaj7   **C**   **Gadd11/B**
And you know theirs

Fmaj7   **C**   **Gadd11/B**
This town is crazy;

Am   **E7**
Nobody cares.

Chorus 2   As Chorus 1

Link 1 | **A7**   ‖

Chorus 3
Fmaj7   **G6**
I'm tired of fighting

Fmaj7   **G6**
I'm tired of fighting

Fmaj7   **G6**   **C**
Fighting for a lost cause.

Bridge
A7   **Fmaj7**   **C**   **Gadd11/B**
There's a place where you are going

A7   **Fmaj7**   **C**   **Gadd11/B**
You ain't never been before

A7   **Fmaj7**   **C**   **Gadd11/B**
No one left to watch your back now

Fmaj7   **C**
No one standing at your door

Fmaj7   **C**
That's what you thought love was for.

Chorus 4   As Chorus 1

Link 2 | **A7**   ‖

Chorus 5   As Chorus 3

Outro | **C** | **C** | **C** | **C**   ‖

Lovin' You

Words & Music by Minnie Riperton & Richard Rudolph

Dmaj7 C#m7 Bm7 Amaj7

B/A A6/9 D E

Intro   ‖: Dmaj7 C#m7 | Bm7 Amaj7   :‖

Verse 1

Dmaj7 C#m7 Bm7   Amaj7
Lovin' you is easy 'cause you're beautiful

Dmaj7   C#m7 Bm7   Amaj7
  Makin' love with you, is all I wanna do.

Dmaj7 C#m7 Bm7   Amaj7
Lovin' you is more than just a dream come true

Dmaj7   C#m7 Bm7   Amaj7
  And everything that I do, is out of lovin' you.

Chorus 1

Dmaj7   C#m7
La la la la la, la la la la la

Bm7   Amaj7
La la la la la la la la la la

Dmaj7   C#m7
  Do do do do do

Bm7   Amaj7
Ah - ah - ah -ah - ah - ah.

Bridge 1

Bm7   C#m7
No one else can make me feel

   Bm7   C#m7   B/A   A6/9
The colours that you bring.

Bm7   C#m7
Stay with me while we grow old

     Bm7   C#m7   D   E
And we will live each day in springtime,

Verse 2

Dmaj⁷   C♯m⁷   Bm⁷   Amaj⁷
  'Cause lovin' you has made my life so beautiful

Dmaj⁷   C♯m⁷ Bm⁷   Amaj⁷
  And every day of my life is filled with lovin' you.

Dmaj⁷   C♯m⁷ Bm⁷   Amaj⁷
  Lovin' you I see your soul come shinin' through

Dmaj⁷   C♯m⁷   Bm⁷   Amaj⁷
  And every time that we   ooooh, I'm more in love with you.

Chorus 2

Dmaj⁷   C♯m⁷
La la la la la, la la la la la

Bm⁷   Amaj⁷
La la la la la la la la la la

Dmaj⁷   C♯m⁷
Do do do do

Bm⁷   Amaj⁷
Ah - ah - ah -ah - ah - ah.

Bridge 2

Bm⁷   C♯m⁷
No one else can make me feel

   Bm⁷   D/E   B/A   A6/9
The colours that you bring.

Bm⁷   C♯m⁷
Stay with me while we grow old

   Bm⁷   C♯m⁷   D   E
And we will live each day in springtime,

Verse 3

Dmaj⁷   C♯m⁷ Bm⁷   Amaj⁷
  'Cause lovin' you is easy 'cause you're beautiful

Dmaj⁷   C♯m⁷ Bm⁷   Amaj⁷
  And every day of my life is filled with lovin' you.

Dmaj⁷   C♯m⁷ Bm⁷   Amaj⁷
  Lovin' you I see your soul come shinin' through

Dmaj⁷   C♯m⁷   Bm⁷   Amaj⁷
  And every time that we   ooooh, I'm more in love with you.

Chorus 3

Dmaj⁷   C♯m⁷
La la la la la, la la la la la

Bm⁷   Amaj⁷
La la la la la la la la la la

Dmaj⁷   C♯m⁷
  Do do do do do

Bm⁷   Amaj⁷
Ah - ah - ah -ah - ah - ah.

Outro   ‖: Dmaj⁷ C♯m⁷ | Bm⁷ Amaj⁷   :‖ *ad lib. vocals to fade*

Mad World

Words & Music by Roland Orzabal

F#m · A · E · B · Badd11

Intro *Drums for 4 bars*

Verse 1

F#m   A
 All around me are familiar faces,

E   B
Worn out places, worn out faces.

F#m   A
 Bright and early for their daily races,

E   B
Going nowhere, going nowhere.

F#m   A
 And their tears are filling up their glasses,

E   B
No expression, no expression.

F#m   A
 Hide my head I want to drown my sorrow,

E   B
No tomorrow, no tomorrow.

Pre-chorus 1

F#m   B
 And I find it kind of funny,

     F#m
I find it kind of sad.

     B
The dreams in which I'm dying

     F#m
Are the best I've ever had.

    B
I find it hard to tell you

     F#m
'Cause I find it hard to take.

    B
When people run in circles

It's a very, very…

Chorus 1

F♯m   B   Badd¹¹
Mad World,

F♯m   B   Badd¹¹
Mad World.

F♯m   B   Badd¹¹
Mad World,

F♯m   B   Badd¹¹
Mad World.

Verse 2

F♯m   A
  Children waiting for the day they feel good,

E   B
Happy Birthday, Happy Birthday!

F♯m   A
  Made to feel the way that every child should,

E   B
Sit and listen, sit and listen.

F♯m   A
  Went to school and I was very nervous,

E   B
No one knew me, no one knew me.

F♯m
  "Hello teacher, tell me what's my lesson?"

E   B
Look right through me, look right through me.

Pre-chorus 2   As Pre-chorus 1

Chorus 2   As Chorus 1

Instrumental | **Badd¹¹** | **Badd¹¹** |

            ||: **F♯m** | **A** | **E** | **B**   :||

Pre-chorus 3   As Pre-chorus 1

Chorus 3   As Chorus 1

Outro ||: **Badd¹¹** | **Badd¹¹** | **Badd¹¹** :|| *Drums for 2 bars*

125

The Man Who Sold The World

Words & Music by David Bowie

Tune guitar down a semitone

Intro | (A) | (A) | (Dm) | (Dm) | F | F | Dm ||

Verse 1
N.C.   A   Dm
We passed upon the stair, we spoke of was and when.
                              A   F
Although I wasn't there, he said I was his friend.
                                    C   A
Which came as some surprise, I spoke into his eyes:
                                    Dm   C
"I thought you died alone, a long, long time ago."

Chorus 1
                    C   F   D♭   F
"Oh no, not me, we never lost control.
                    C   F
You're face to face
                    D♭
With the man who sold the world."

Link 1 | A | A | Dm | Dm | F | F | Dm ||

Verse 2
                                          A   Dm
I laughed and shook his hand, and made my way back home.
                                    A   F
I searched for form and land, for years and years I roamed. ____
                              C   A
I gazed a gazely stare at all the millions here,
                              Dm   C
I must have died alone, a long, long time ago.

Chorus 2

        C   **F**   **D♭**   **F**
"Who knows? Not me, I never lost control.

        C   **F**
You're face to face

      D♭
With the man who sold the world."

Link 2 | **A** | **A** | **Dm** | **Dm**   ‖

Chorus 3

        C   **F**   **D♭**   **F**
"Who knows? Not me, we never lost control.

        C   **F**
You're face to face

      D♭
With the man who sold the world."

Play 3 times

Coda   ‖: **A** | **A** | **Dm** | **Dm** | **F** | **F** | **Dm** | **Dm** :‖

            | **A** | **A** | **Dm** | **Dm** | **F** ‖

(Marie's The Name)
His Latest Flame

Words & Music by Doc Pomus & Mort Shuman

Intro | G | Em | G | Em | G | Em ‖

Verse 1

             G   Em   G
A very old friend   came by today,

Em   G   Em
  'Cause he was telling everyone in town

G   Em
Of the love that he'd just found,

                C   D
And Marie's the name

               G   Em | G | Em ‖
Of his latest flame.

Verse 2

               G   Em   G
He talked and talked and I heard him say

Em   G   Em
  That she had the longest, blackest hair,

G   Em
The prettiest green eyes anywhere,

               C   D
And Marie's the name

               G   Em | G | Em ‖
Of his latest flame.

Bridge 1

D   C   D   C
Though I smiled the tears inside were burning,

D   C   D C
I wished him luck and then he said goodbye.

D   C   D   C
He was gone but still his words kept returning,

D   C   G Em | G | Em ‖
What else was there for me to do but cry.

Verse 3

        G Em G
Would you believe that yesterday

Em   G   Em
 This girl was in my arms and swore to me

G   Em
She'd be mine eternally,

       C   D
And Marie's the name

       G Em | G | Em ‖
Of his latest flame.

Bridge 2   As Bridge 1

Verse 4

        G Em G
Would you believe that yesterday

Em   G   Fm
 This girl was in my arms and swore to me

G   Em
She'd be mine eternally,

       C   D
And Marie's the name

       G Em | G |
Of his latest flame.

Coda

‖: Em   C D
  Yeah Marie's the name

      G
Of his latest flame. :‖ *Repeat to fade*

Martha's Harbour

Words & Music by Julianne Regan, Tim Bricheno & Andrew Cousin

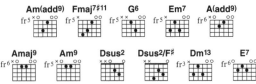

Tune guitar down a tone

Intro ‖: Am(add9) | Fmaj7#11 | Am(add9) | Fmaj7#11 | G6 | Em7 :‖

Verse 1

Am(add9) Fmaj7#11   Am(add9)   Fmaj7#11
    I sit by the harbour,

   G6   Em7
The sea calls to me.

Am(add9) Fmaj7#11   Am(add9)   Fmaj7#11
    I hide in the water

   G6   Em7
But I need to breathe.

Chorus 1

A(add9)   Amaj9   Am9
    You are an ocean wave, my love,

Dsus2 D sus2/F# Dsus2 A(add9)
Crashing at   the   bow.

     Amaj9   Am9
I am a galley slave, my love.

  Dsus2 D sus2/F# Dsus2 Dm13   E7   Am(add9)
If only I   could   find out the way to sail you.

      Dm13   Em7
Maybe I'll just stow away.____

Link | Am(add9) | Fmaj7#11 | Am(add9) | Fmaj7#11 | G6 | Em7 ‖

Verse 2

Am(add9) Fmaj7#11 Am(add9) Fmaj7#11
     I've been run aground,

G6   Em7
So sad for a sailor.

Am(add9) Fmaj7#11   Am(add9) Fmaj7#11
     I felt safe and sound

G6   Em7
But needed the danger.

Chorus 2

A(add9)   Amaj9   Am9
     You are an ocean wave, my love,

Dsus2 Dsus2/F# Dsus2 A(add9)
Crashing at   the   bow.

     Amaj9   Am9
I am a galley slave, my love.

Dsus2 Dsus2/F# Dsus2 Dm13   E7   Am(add9)
If only   I   could find out the way to sail you.

     Dm13   E7
Maybe I'll just stow away.___

Chorus 3

A(add9)   Amaj9   Am9
     You are an ocean wave, my love,

Dsus2 Dsus2/F# Dsus2 A(add9)
Crashing at   the   bow.

     Amaj9   Am9
I am a galley slave, my love.

Dsus2 Dsus2/F# Dsus2 Dm13   E7   Am(add9)
If only   I   could find out the way to sail you.

     Dm13   Em7
Maybe I'll just stow away.___

Outro

| Am(add9) | Fmaj7#11 | Am(add9) | |

| Fmaj7#11 | Am(add9) |
     Stow a - way,

| Fmaj7#11 | Am(add9) | Fmaj7#11 | Am(add9) ||
          Stow a - way.

May You Never

Words & Music by John Martyn

A G/A D G/B A7 Bm(add11/#5) G/D

Tune bottom string to D - Capo second fret

Chorus 1

  A   G/A D   G/B
And may you never lay your head down

    A7   D
Without a hand to hold;

        Bm(add11/#5)   A7   G/D D G/D D
And may you never make your bed out in the cold.

Verse 1

      A
You're just like a great and strong brother of mine

      G/D   D   G/D
And you know that I love you true.

D   A
And you never talk dirty behind my back,

    G/D   D   G/D
And I know that there's those that do.

D A
Oh please won't you, please won't you bear it in mind,

G/B   Bm(add11/#5)
Love is a lesson to learn in our time.

A   G/D   D
Now please won't you, please won't you bear it in mind for me.

Chorus 2

  A   G/A D   G/B
And may you never lay your head down

    A7   D
Without a hand to hold;

        Bm(add11/#5)   A7   G/D D G/D
May you never make your bed out in the cold.

Verse 2

D   A
And you're just like a good and close sister to me,

      G/D   D   G/D
And you know that I love you true.

D   A
And you hold no blade to stab me in my back,

    G/D   D   G/D
And I know that there's some that do.

D A
Oh please won't you, please won't you bear it in mind:

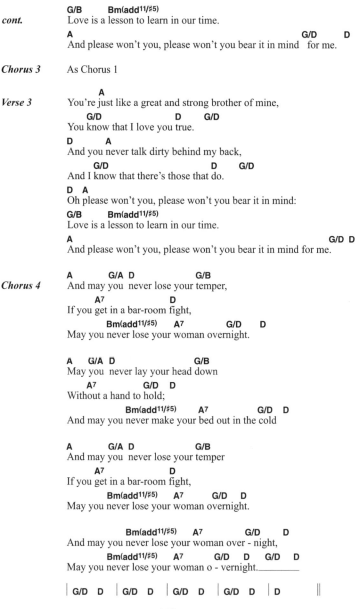

cont.

G/B Bm(add[11/#5])
Love is a lesson to learn in our time.

A   G/D D
And please won't you, please won't you bear it in mind for me.

Chorus 3 As Chorus 1

Verse 3

    A
You're just like a great and strong brother of mine,

  G/D   D G/D
You know that I love you true.

D   A
And you never talk dirty behind my back,

  G/D   D G/D
And I know that there's those that do.

D A
Oh please won't you, please won't you bear it in mind:

G/B Bm(add[11/#5])
Love is a lesson to learn in our time.

A   G/D D
And please won't you, please won't you bear it in mind for me.

Chorus 4

A G/A D   G/B
And may you never lose your temper,

  A[7]   D
If you get in a bar-room fight,

    Bm(add[11/#5]) A[7]   G/D D
May you never lose your woman overnight.

A G/A D   G/B
May you never lay your head down

  A[7]   G/D D
Without a hand to hold;

    Bm(add[11/#5]) A[7]   G/D D
And may you never make your bed out in the cold

A   G/A D   G/B
And may you never lose your temper

  A[7]   D
If you get in a bar-room fight,

   Bm(add[11/#5]) A[7] G/D D
May you never lose your woman overnight.

    Bm(add[11/#5]) A[7]   G/D   D
And may you never lose your woman over - night,

    Bm(add[11/#5]) A[7] G/D D G/D D
May you never lose your woman o - vernight._____

| G/D D | G/D D | G/D D | G/D D | D | ‖

133

Maybe I'm Amazed

Words & Music by Paul McCartney

Intro | A | D/F♯   Dm/F | Em⁷   A ||

Verse 1

B♭   F/A   C   G/C
Baby, I'm a - mazed at the way you love me all the time

B♭   F/A   C   N.C.
And maybe I'm a - fraid of the way I love you

B♭   F/A   C   G
Baby, I'm a - mazed at the the way you pulled me out of time

    B♭   F/A
And hung me on a line

A♭   E♭/G   C
Maybe I'm amazed at the way I really need you.

Chorus 1

D   A/D   Am/D
Baby, I'm a man and maybe I'm a lonely man

                        D9/F♯
Who's in the middle of something

G   D   D7(♯9)
That he dosen't really under - stand

D   A/D   Am/D
Baby, I'm a man and maybe you're the only woman

                    D9/F♯
Who could ever help me

G   D/F♯   Dm/F | Em⁷   A ||
Baby, won't you help to me under - stand? Ooh.

| *Solo 1* | | B♭ F/A | C G/C | B♭ F/A | C N.C. | |
| | | B♭ F/A | C G | B♭ F/A | A♭ E♭/G | C ‖ |

Chorus 2   As Chorus 1

Verse 2

B♭   F/A   C   G/C
Baby, I'm a - mazed at the way you're with me all the time

B♭   F/A   C   N.C.
Maybe I'm a - fraid of the way I leave you

B♭   F/A   C   G
Baby, I'm a - mazed at the way you help me sing my song

    B♭   F/A
You right me when I'm wrong

A♭   E♭/G   C
Maybe I'm amazed at the way I really need you.

Instrumental
Chorus

| D A/D | Am/D D9/F♯ | G | | D D7(♯9) | |
Oh, oh,   oh,___   hey.___

| D A/D | Am/D D9/F♯ | G | | D/F♯ Dm/F | Em7 A ‖ |
Oh, oh,   oh,___   hey.___

Solo 2

| B♭ F/A | C G/C | B♭ F/A | C N.C. |

| B♭ F/A | C G | B♭ F/A | A♭ E♭/G | C ‖

Outro   As Instrumental Chorus *to fade*

Maybe Tomorrow

Words & Music by Kelly Jones, Richard Jones & Stuart Cable

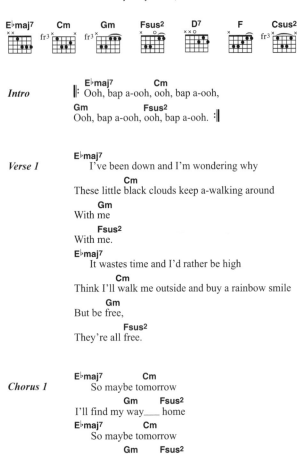

Intro

Eᵇmaj⁷   Cm
‖: Ooh, bap a-ooh, ooh, bap a-ooh,

Gm   Fsus²
Ooh, bap a-ooh, ooh, bap a-ooh. :‖

Verse 1

Eᵇmaj⁷
   I've been down and I'm wondering why

        Cm
These little black clouds keep a-walking around

     Gm
With me

     Fsus²
With me.

Eᵇmaj⁷
   It wastes time and I'd rather be high

        Cm
Think I'll walk me outside and buy a rainbow smile

     Gm
But be free,

        Fsus²
They're all free.

Chorus 1

Eᵇmaj⁷   Cm
   So maybe tomorrow

        Gm   Fsus²
I'll find my way___ home

Eᵇmaj⁷   Cm
   So maybe tomorrow

        Gm   Fsus²
I'll find my way___ home.

Verse 2

E♭maj7
    I look around at a beautiful life

       Cm
I've been the upper side of down, been the inside of out

    Gm   Fsus2
But we breathe, we breathe.

E♭maj7
    I wanna breeze and an open mind

    Cm
I wanna swim in the ocean,

        Gm   Fsus2
Wanna take my time for me, all me.

Chorus 2

  E♭maj7   Cm
‖:   So maybe tomorrow

    Gm   Fsus2
I'll find my way___ home

E♭maj7   Cm
  So maybe tomorrow

    Gm   Fsus2
I'll find my way___ home. :‖

Guitar solo

‖: Cm | D7 | Gm | Fmaj9 :‖

| G5 | G5 | G5 | G5 |
Ooh,   ooh,   ooh,   ooh.

Link

| E♭maj7 | Cm | Gm | Gm |

Chorus 3   As Chorus 2

Outro

| E♭maj7 | Cm | Gm | Fsus2 |

| E♭maj7 | Cm | Gm | Fsus2 |

                 Na, na, na,
| Gm | E♭maj7 | Gm | Fsus2 |
Na, na, na, na,   na, na, na, na   na, na, na, na,   na, na, na

| Gm | Gm | Gm | Fsus2 | E♭maj7 ‖
Na. Oh.___   Oh,___ oh, ah oh.

Missing

Words by Tracey Thorn
Music by Ben Watt

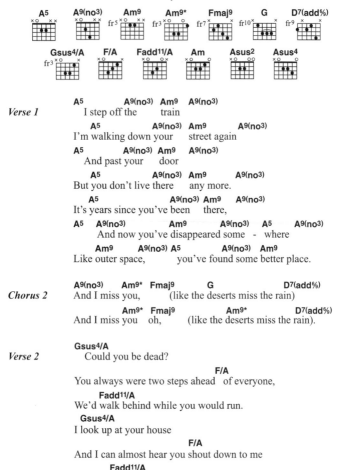

Verse 1

A5   A9(no3) Am9 A9(no3)
I step off the   train

    A5   A9(no3) Am9 A9(no3)
I'm walking down your street again

A5   A9(no3) Am9 A9(no3)
 And past your door

   A5   A9(no3) Am9 A9(no3)
But you don't live there any more.

   A5   A9(no3) Am9 A9(no3)
It's years since you've been there,

A5 A9(no3)   Am9   A9(no3) A5 A9(no3)
 And now you've disappeared some - where

   Am9 A9(no3) A5   A9(no3) Am9
Like outer space,   you've found some better place.

Chorus 2

A9(no3) Am9* Fmaj9   G   D7(add%)
And I miss you,   (like the deserts miss the rain)

     Am9* Fmaj9   Am9*   D7(add%)
And I miss you oh,   (like the deserts miss the rain).

Verse 2

   Gsus4/A
 Could you be dead?

               F/A
You always were two steps ahead of everyone,

     Fadd11/A
We'd walk behind while you would run.

    Gsus4/A
I look up at your house

          F/A
And I can almost hear you shout down to me

      Fadd11/A
Where I always used to be.

Chorus 2

    Am⁹* Fmaj⁹   G   D⁷(add⁹)
And I miss you,   (like the deserts miss the rain)
    Am⁹* Fmaj⁹   Am⁹*   D⁷(add⁹)
And I miss you   oh,   (like the deserts miss the rain).

Verse 3

Gsus⁴/A
    I'm back on the train,

I ask why did I come again?
F/A   Fadd¹¹/A
    Can I confess I've been hanging around your old address.
Gsus⁴/A
    And the years have proved
                  F/A
To offer nothing since you moved,
         Fadd¹¹/A
You're long gone,   but I can't move on

Chorus 3   As Chorus 2

Verse 4

Am
    I step off the train
    Asus²
I'm walking down your street again
Asus⁴
    And past your door
    Asus²
I guess you don't live there any more.
    Am
It's years since you've been there,
Asus⁴   **Am***
    And now you've disappeared some - where
           Asus²
Like outer space,   you've found some better place.

Link

    Am Asus²   Am
And I miss you, yeah, and I miss you.
Asus²
    You found some better place

Outro

    Am⁹* Fmaj⁹ G   Dm⁹
‖: And I miss you, (like the deserts miss the rain)
    Am⁹* Fmaj⁹   Am⁹*   Dm⁹ :‖ *Repeat to fade*
And I miss you   oh,   (like the deserts miss the rain).

Mmm Mmm Mmm Mmm

Words & Music by Brad Roberts

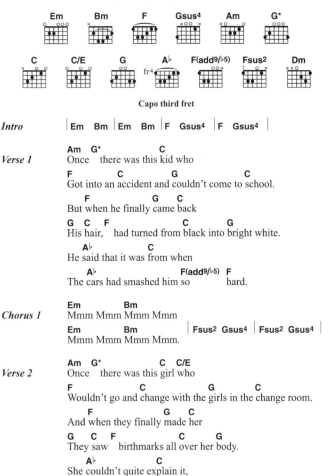

Capo third fret

Intro | Em Bm | Em Bm | F Gsus⁴ | F Gsus⁴ |

Verse 1
    Am G*   C
Once   there was this kid who
    F   C   G   C
Got into an accident and couldn't come to school.
    F   G   C
But when he finally came back
G C F   C   G
His hair,   had turned from black into bright white.
      A♭   C
He said that it was from when
        A♭   F(add9/♭5) F
The cars had smashed him so   hard.

Chorus 1
Em   Bm
Mmm Mmm Mmm Mmm
Em   Bm | Fsus² Gsus⁴ | Fsus² Gsus⁴ |
Mmm Mmm Mmm Mmm.

Verse 2
    Am G*   C C/E
Once   there was this girl who
    F   C   G   C
Wouldn't go and change with the girls in the change room.
      F   G   C
And when they finally made her
G C F   C   G
They saw   birthmarks all over her body.
     A♭   C
She couldn't quite explain it,
       A♭   F(add9/♭5) F
They'd always just been   there.

Chorus 2

Em   Bm
‖: Mmm Mmm Mmm Mmm

Em   Bm | Fsus² Gsus⁴ | Fsus² Gsus⁴ :‖
Mmm Mmm Mmm Mmm

Middle

Dm   C   G
But both girl and boy were glad

Dm   C   G   Fsus²
'Cause one kid had it worse than that.

Verse 3

         Am G*   C
'Cause then   there was this boy whose

F   C   G   C
Parents made him come directly home right after school.

        F   G   C
Well, and when they went to their church

G   C   F   C   G
They shook   and lurched all over the church floor.

   A♭   C
He couldn't quite explain it,

   A♭   F(add9/♭5) F
They'd always just gone   there.

Chorus 3

As Chorus 2

Outro

Dm   C   G
Aah, aah, aah, aah.

Dm   C   G
Aah, aah, aah, aah.

| Fsus² | C |

Dm   C   G
Aah, aah, aah, aah.

Dm   C   G
Aah, aah, aah, aah.

| Fsus² | C/E

‖: Dm | C G | Dm | C G | Fsus² | C |

| Dm | C G | Dm | C G | Fsus² | C/E :‖

Repeat to fade

141

Moon River

Words by Johnny Mercer
Music by Henry Mancini

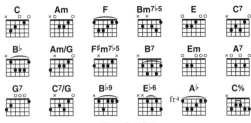

Capo first fret

Intro | C | C ‖

Chorus 1
C   Am   F   C
Moon river, wider than a mile,
     F   C   Bm7♭5   E
I'm crossing you in style some day.
     Am   C7   F   B♭
Oh, dream maker, you heart-breaker,
        Am   Am/G   F♯m7♭5   B7   Em   A7   Dm   G7
Wher - ever you're go   -   ing, I'm go - ing your way.

Verse 1
C   Am   F   C
Two drifters, off to see the world,
        F   C   Bm7♭5   E
There's such a lot of world to see.
Am   C7/G   F♯m7♭5   F   C   F
   We're af - ter the same   rainbow's end,
               C   F
Waiting 'round the bend,
          C
My Huckleberry friend,
Am   Dm   G7   C   B♭9   E♭6   A♭   G7
Moon river   and me.

Chorus 2

C   Am   F   C
Moon river, wider than a mile,

      F   C   Bm7♭5   E
I'm crossing you in style some day.

     Am   C7   F   B♭
Oh, dream maker, you heart-breaker,

         Am Am/G F♯m7♭5 B7   Em A7   Dm   G7
Wher - ever you're go   -   ing, I'm go - ing your way.

Verse 2

C   Am   F   C
Two drifters, off to see the world,

        F   C   Bm7♭5   E
There's such a lot of world to see.

     Am C7/G   F♯m7♭5 F   C   F
We're after   that same   rainbow's end,

                C   F
Waiting 'round the bend,

            C
My Huckleberry friend,

Am   Dm   G7   C
Moon river   and me.

Outro

        Am
Moon river,

C   Am
Moon river,

C%
Moon.

More Than Words

Words & Music by Nuno Bettencourt & Gary Cherone

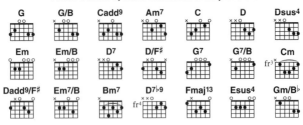

Tune guitar down a semitone

Intro   ‖: G G/B | Cadd9 | Am7 | C D Dsus4 :‖

                G G/B   Cadd9   Am7
Verse 1   Saying I   love you is not the words

             C   D   Dsus4 G
I want to hear from   you.

           G/B   Cadd9   Am7   C   D   Dsus4 Em
It's not that I   want you,   not to say but if you on - ly   knew

          Em/B   Am7 D7   G   D/F♯   Em
         How easy it would be, to show me how you feel.

             Em/B   Am7   D7   G7 G7/B C
Pre-chorus 1   More than words, is all I have to do to make it real,

                Cm   G   Em Em/B Em
Then you wouldn't have to say that you love me_____

             Am7 D7   G G/B
'Cause I'd already know.

              G   G/B   D/F♯   Dadd9/F♯
Chorus 1   What would you do_____

            D/F♯ Dadd9/F♯ Em Em/B Bm7   C
If   my   heart was   torn in two?

                              Em7/B Am7
More than words to show you   feel

                 D7   G
That your love for me is real.

cont.

G/B   G   G/B   D/F♯   Dadd9/F♯
What would you say_____

D/F♯ Dadd9/F♯ Em Em/B Bm7   C
If   I   took those words away?

                                    Em7/B Am7
Then you couldn't make things new

            D7   **G   G/B** | **Cadd9** | **Am7** |
Just by saying I love you._____

C D   Dsus4 |**G G/B** | **Cadd9** | **Am7** |**D7**   ‖
More than   words.

Verse 2

G G/B   Cadd9   Am7   C   D Dsus4 G
        Now that I've tried to talk to you and make you under - stand.

G/B   Cadd9   Am7
All you have to do is close your eyes

        C   D Dsus4 Em
And just reach out your   hand

Em/B Am7   D7   G   D/F♯   Em
        And touch me, hold me close, don't ever let me go.

Pre-chorus 2

N.C.   Am7   D7   G7   G7/B C
        More than words is all I ever needed you to show,

            Cm   G   Em Em/B Em
Then you wouldn't have to say that you love me_____

        Am7 D7 D7♭9 G G/B
'Cause I'd already   know.

Chorus 2   As Chorus 1

Outro

‖: **C D   Dsus4** |**G G/B** | **Cadd9** | **Am7** :‖ *Play 3 times*
        More than   words._____

C D   Dsus4 |**G** | **Dadd9/F♯** | **Fmaj13** | **Esus4** | **Am7** |**D7** |
More than   words,_____

D7   G Cadd9 G/B Gm/B♭ Am7 G
More than words._____

Movin' On Up

Words & Music by Bobby Gillespie, Robert Young & Andrew Innes

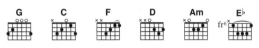

Capo fifth fret

Intro ‖: G | G C F C | G | G C F C :‖ G | G C F C |

Verse 1

G C F C   G   C   F C G
   I was blind, now I can see,

C   F   C G   C F C G
You made a believer,   out of me.

C F C   D   G   D   C
   I was blind, now I can see,

C   F   C G   C F C G
You made a believer,   out of me.

Chorus 1

   C   F C   D
I'm movin' on up   now,

         C
Gettin' out of the darkness.

        Am
My light shines on,

        C
My light shines on,

        G | G C F C |
My light shines on.

Verse 2

G C F C   G   C F   C   G
   I was lost,   now I'm found,

C   F   C G C   F C G
I believe in you,   I've got no bounds.

C F C   D   G D   C
   I was lost,   now I'm found,

F   C   G   C   F C G
I   believe in you,   I got no bounds.

Chorus 2

                         D   **G D**
I'm movin' on up now,

                 G D C   **F C**
Gettin' out of the darkness.

            F C Am
My light shines on,

             C
My light shines on,

        F C G | **G C F C** |
My light shines on,

C   **F C G** | **G C F C** |
  My light shines on,

C   **F C G**
  My light shines on.

Instrumental ‖: **G** | **G** | **F** | **F** | **E♭** | **E♭** | **C** | **C** :‖

                  ‖: **G** | **G C F C** | **G** | **G C F C** :‖

Outro

      G   **F**
‖: My light shines on,

 E♭   **C**
  My light shines on.   :‖

       G
‖: I'm getting outta darkness,

  F
My light shines on.

   E♭
I'm getting outta darkness,

  C
Your light shines on.   :‖ *Repeat to fade*

Mrs. Robinson

Words & Music by Paul Simon

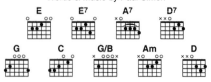

Capo second fret

Intro   ‖ E | E | E | E   ‖

E   **E7**
Di di di di di di di di di di di di

A7
Doo doo doo doo doo doo doo doo doo

D7   **G**   **C**   **G/B Am**   **E7**
Di di di di di-di di di di di-di di.

Chorus 1
    D7   **G**   **Em**
    And here's to you, Mrs. Robinson

G   **Em**   **C**
Jesus loves you more than you will know (wo, wo, wo.)

       G   **Em**
God bless you please, Mrs. Robinson,

G   **Em**   **C**   **Am**   **E**
Heaven holds a place for those who pray (hey, hey, hey, hey, hey, hey.)

Verse 1
                                      E7
We'd like to know a little bit about you for our files,

      A7
We'd like to help you learn to help yourself.

D7   **G**   **C**   **G/B Am**
   Look around you, all you see are sympathetic eyes.

E7   **D7**
   Stroll around the grounds until you feel at home.

Chorus 2
        G   **Em**
And here's to you, Mrs. Robinson,

G   **Em**   **C**   **D**
Jesus loves you more than you will know (wo, wo, wo.)

    C   **G**   **Em**
God bless you please, Mrs. Robinson,

G   **Em**   **C**   **Am**   **E**
Heaven holds a place for those who pray (hey, hey, hey, hey, hey, hey.)

                                                                            E7
Verse 2   Hide it in a hiding place where no one ever goes,
                 A7
                 Put it in your pantry with your cupcakes.
                 D7   **G**   **C**   **G/B**   **Am**
                 It's a little secret, just the Robinsons' affair.
                 E   **E7**   **D7**
                 Most of all, you've got to hide it from the kids.

                               G   **Em**
Chorus 3   Coo coo ca-choo, Mrs Robinson,
                 G   **Em**   **C**   **D**
                 Jesus loves you more than you will know (wo, wo, wo.)
                               G   **Em**
                 God bless you please, Mrs. Robinson,
                 G   **Em**   **C**
                 Heaven holds a place for those who pray
                               Am   **E**
                 (Hey, hey, hey, hey, hey, hey.)

                                                        E7
Verse 3   Sitting on a sofa on a Sunday afternoon,
                 A7
                 Going to the candidates' debate.
                 D7   **G**
                 Laugh about it, shout about it
                 C   **G/B**   **Am**
                 When you've got to choose.
                 E7   **D7**
                 Every way you look at it, you lose.

                               G   **Em**
Chorus 4   Where have you gone, Joe DiMaggio?
                 G   **Em**   **C**   **D**
                 A nation turns its lonely eyes to you (woo, woo, woo)
                         C   **G**   **Em**
                 What's that you say, Mrs. Robinson?
                 G   **Em**   **C**
                 Joltin' Joe has left and gone away
                               Am   **E**
                 (Hey, hey, hey, hey, hey, hey.)

Coda | **E** | **E** | **E** | **E**   ‖ *To fade*
                 (hey.)

                                    149

Northern Sky

Words & Music by Nick Drake

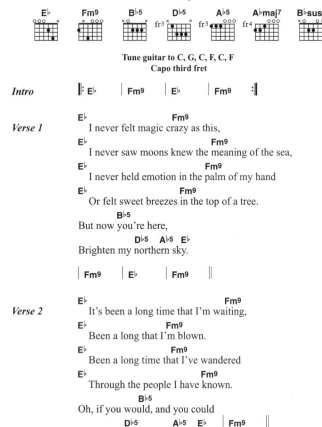

E♭   Fm9   B♭5   D♭5   A♭5   A♭maj7   B♭sus4

Tune guitar to C, G, C, F, C, F
Capo third fret

Intro   ‖: E♭ | Fm9 | E♭ | Fm9 :‖

Verse 1

E♭   Fm9
 I never felt magic crazy as this,

E♭   Fm9
 I never saw moons knew the meaning of the sea,

E♭   Fm9
 I never held emotion in the palm of my hand

E♭   Fm9
 Or felt sweet breezes in the top of a tree.

   B♭5
But now you're here,

     D♭5 A♭5 E♭
Brighten my northern sky.

| Fm9 | E♭ | Fm9 ‖

Verse 2

E♭   Fm9
 It's been a long time that I'm waiting,

E♭   Fm9
 Been a long that I'm blown.

E♭   Fm9
 Been a long time that I've wandered

E♭   Fm9
 Through the people I have known.

   B♭5
Oh, if you would, and you could

   D♭5   A♭5 E♭ | Fm9 ‖
Straighten my new mind's eye.

Instrumental | E♭ | Fm9 | E♭ | Fm9 | E♭ Fm9 | E♭ |

‖: A♭5 A♭maj7 | E♭   :‖   *Play 3 times*

| D♭5 A♭5 | E♭ | D♭5 A♭5 | B♭sus4 | B♭sus4 ‖

Verse 3

E♭   Fm9
  Would you love me for my money?
E♭   Fm9
  Would you love me for my head?
E♭   Fm9
  Would you love me through the winter
E♭   Fm9
  Would you love me 'til I'm dead?
      B♭5
Oh, if you would and you could,
            D♭5   A♭5   E♭
Come blow your horn on   high.

| Fm9 | E♭ | Fm9   ‖

Verse 4

E♭   Fm9
  I never felt magic crazy as this,
E♭   Fm9
  I never saw moons knew the meaning of the sea,
E♭   Fm9
  I never held emotion in the palm of my hand,
E♭   Fm9
  Or felt sweet breezes in the top of a tree.
        B♭5
But now you're here,
            D♭5   A♭5 E♭
Brighten my northern   sky.

| Fm9 | E♭ | Fm9 | E♭ | Fm9 | E♭ Fm9 | E♭   ‖

151

Norwegian Wood
(This Bird Has Flown)

Words & Music by John Lennon & Paul McCartney

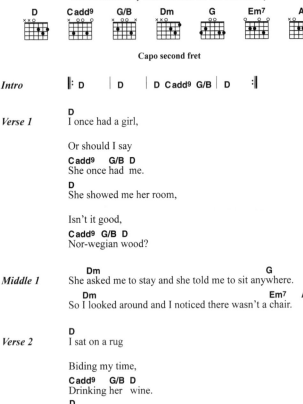

Capo second fret

Intro ‖: D | D | D Cadd⁹ G/B | D :‖

Verse 1

D
I once had a girl,

Or should I say
Cadd⁹   G/B D
She once had me.
D
She showed me her room,

Isn't it good,
Cadd⁹ G/B D
Nor-wegian wood?

Middle 1

  Dm   G
She asked me to stay and she told me to sit anywhere.
  Dm   Em⁷   A
So I looked around and I noticed there wasn't a chair.

Verse 2

D
I sat on a rug

Biding my time,
Cadd⁹   G/B D
Drinking her wine.
D
We talked until two,

And then she said,
Cadd⁹   G/B D
"It's time for bed."

Instrumental ‖: **D** | **D** | **D Cadd9 G/B** | **D** :‖

Middle 2	**Dm** **G** She told me she worked in the morning and started to laugh. **Dm** **Em7** **A** I told her I didn't and crawled off to sleep in the bath.

Verse 3	**D** And when I awoke

I was alone,

Cadd9   **G/B** **D**
This bird had   flown.

D
So I lit a fire,

Isn't it good,

Cadd9 G/B D
Nor-wegian wood?

Outro	| **D** | **D** | **D Cadd9 G/B** | **D** ‖

Not Fade Away

Words & Music by Charles Hardin & Norman Petty

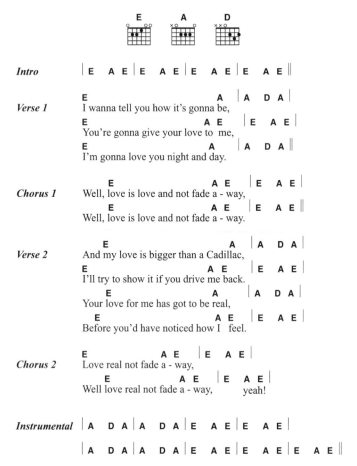

Intro | E A E | E A E | E A E | E A E ‖

Verse 1

E   A | A D A |
I wanna tell you how it's gonna be,
E   A E | E A E |
You're gonna give your love to me,
E   A | A D A ‖
I'm gonna love you night and day.

Chorus 1

        E   A E | E A E |
Well, love is love and not fade a - way,
        E   A E | E A E ‖
Well, love is love and not fade a - way.

Verse 2

       E   A | A D A |
And my love is bigger than a Cadillac,
E   A E | E A E |
I'll try to show it if you drive me back.
        E   A | A D A |
Your love for me has got to be real,
     E   A E | E A E |
Before you'd have noticed how I   feel.

Chorus 2

E   A E | E A E |
Love real not fade a - way,
     E   A E | E A E |
Well love real not fade a - way,   yeah!

Instrumental | A D A | A D A | E A E | E A E |

                     | A D A | A D A | E A E | E A E | E A E ‖

Verse 3

   E   **A** | **A**   **D** **A** |
I wanna tell you how it's gonna be,

   E   **A** **E** | **E** **A** **E** |
You're gonna give your love to me,

   E   **A** | **A**   **D** **A** ‖
Love that lasts more than one day.

Chorus 3

     E   **A** **E** | **E** **A** **E** |
Well love is love and not fade a - way,

     E   **A** **E** | **E** **A** **E** |
Well love is love and not fade a - way,

   A   **E** | **A** **E** |
Well love is love and not fade a - way,

   E   **A**   **E** | **E A E A E** |
Well love is love and not fade a - way,

    A   **E**   **A E**
Not fade away.   *Fade out*

Nothing Else Matters

Words & Music by James Hetfield & Lars Ulrich

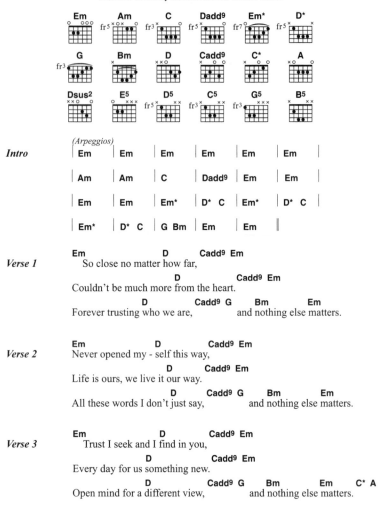

Intro

(Arpeggios)

Em	Em	Em	Em	Em	Em
Am	Am	C	Dadd9	Em	Em
Em	Em	Em*	D* C	Em*	D* C
Em*	D* C	G Bm	Em	Em

Verse 1

Em   D   Cadd9 Em
  So close no matter how far,

           D   Cadd9 Em
Couldn't be much more from the heart.

        D   Cadd9 G   Bm   Em
Forever trusting who we are,   and nothing else matters.

Verse 2

Em   D   Cadd9 Em
Never opened my - self this way,

         D   Cadd9 Em
Life is ours, we live it our way.

         D   Cadd9 G   Bm   Em
All these words I don't just say,   and nothing else matters.

Verse 3

Em   D   Cadd9 Em
 Trust I seek and I find in you,

         D   Cadd9 Em
Every day for us something new.

         D   Cadd9 G   Bm   Em   C* A
Open mind for a different view,   and nothing else matters.

Chorus 1

```
D                              C*    A D
   Never cared for what they do,
                          C*    A D       Em
Never cared for what they know,      but I know.
```

Verse 4

```
Em                D         Cadd9 Em
So close no matter how far,
                      D              Cadd9 Em
It couldn't be much more from the heart.
                  D           Cadd9 G    Bm         Em      C* A
Forever trusting who we are,          and nothing else matters.
```

Chorus 2   As Chorus 1

Interlude   ‖: Em │ Em │ Am │ Am │ C* │ Dsus2 │ Em │ Em :‖

Verse 5   As Verse 2

Verse 6   As Verse 3

Chorus 3

```
D                              C*    A D
   Never cared for what they say,
                          C*    A D
Never cared for games they play.
                      C*    A D
Never cared for what they do,
                      C*    A D
Never cared for what they know,
         Em
And I know.
```

Solo

```
│ E5      │ D5 C5 │ E5     │ D5 C5 │

│ E5      │ D5 C5 │ G5 B5  │ E5     ‖

│ Em      │ Em    │
```

Verse 7   As Verse 1

Outro   ‖: Em │ Em │ Em │ Em :‖ *Repeat to fade*

157

Nothing Ever Happens

Words & Music by Justin Currie

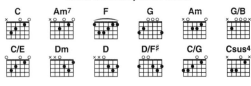

C   Am7   F   G   Am   G/B

C/E   Dm   D   D/F♯   C/G   Csus4

Capo fifth fret

Verse 1

    C   Am7
Post Office clerks put up signs saying 'Position Closed'

     C   Am7
And secretaries turn off typewriters and put on their coats,

 F   C   G   F
And janitors padlock the gates for security guards to patrol,

                        C
And bachelors phone up their friends for a drink

         G   F
While the married ones turn on a chat show.

         C   F   C
And they'll all be lonely tonight and lonely tomorrow.

Verse 2

    C   Am7
"Gentlemen, time please, you know we can't serve any more."

       C   Am7
Now the traffic lights change to stop when there's nothing to go.

   F   C
And by five'o'clock everything's   dead,

     G   F
And every third car is a cab,

                C
And ignorant people sleep in their beds

     G   F
Like the doped white mice in the college lab.

Chorus 1

      C   F   C   F
And nothing ever happens,   nothing happens at all,

    Am   F
The needle returns to the start of the song

     G   F
And we all sing along like before,

       C   F   C
And we'll all be lonely tonight and lonely tomorrow.

Verse 3

C   G/B   Am7
The telephone exchanges click while there's nobody there.

C
The Martians could land in the car park

              Am7
And no-one could care.

F   C
The close-circuit cameras in department stores

        G   F
Shoot the same movie everyday

                             C
And the stars of these films neither die nor get killed,

   G   F   C/E Dm G/B
Just survive constant action replay.

Chorus 2   As Chorus 1

Bridge | D | Am7 | D | Am7 | C D | C/E D/F♯ | C/G ‖

Verse 4

       C   Am7
And bill hoardings advertise products that nobody needs,

       C
While 'Angry from Manchester' writes

          Am7
To complain about all the repeats on TV;

     F   C
And computer terminals report

                   G   F
Some gains in the values of copper and tin,

                             C
While American businessmen snap up Van Goghs

     G   F   C/E Dm G/B
For the price of a hospital wing.

Chorus 3

       C   F   C   F
And nothing ever happens, nothing happens at all,

       Am   F
The needle returns to the start of the song

       G   F
And we all sing along like before.

       C   F   C   F
And nothing ever happens, nothing happens at all,

        Am   F
They'll burn down the synagogues at six o'clock,

       G   F
And we'll all go along like before,

        C   Csus4   C
And we'll all be lonely tonight and lonely tomorrow.

One

Words & Music by U2

Am   D   Fmaj7   G   C

| *Intro* | | Am | | D | | Fmaj7 | | G | ‖ |

Verse 1

    Am   D
    Is it getting better,

Fmaj7   G
    Or do you feel the same?

    Am   D
    Will it make it easier on you,

    Fmaj7   G
Now   you got someone to blame?

Chorus 1

         C   Am
You say   one love,   one life,

Fmaj7   C
    When it's one need   in the night.

           Am
One love,   we get to share it,

Fmaj7   C
    Leaves you baby if you   don't care for it.

| | Am | | D | | Fmaj7 | | G | ‖ |

Verse 2

    Am   D
    Did I disappoint you,

Fmaj7   G
    Or leave a bad taste in your mouth?

Am   D
    You act like you never had love

Fmaj7   G
    And you want me to go without.

Chorus 2

        C   Am
Well it's   too late   tonight

Fmaj7   C
    To drag the past out into the light.

            Am
We're one, but we're   not the same.

          Fmaj7   C
We get to   carry each other, carry each other… one!

| | Am | | D | | Fmaj7 | | G | ‖ |

Verse 3

Am   D
Have you come here for forgiveness,

Fmaj7   G
Have you come to raise the dead?

Am   D
Have you come here to play Jesus

Fmaj7   G
To the lepers in your head?

Chorus 3

C   Am
Did I ask too much,   more than a lot?

Fmaj7   C
You gave me nothing, now it's all I got.

                  Am
We're one, but we're not the same,

        Fmaj7   C
Well, we hurt each other, then we do it again.

Middle

                    Am
You say love is a temple, love a higher law:

C   Am
Love is a temple, love the higher law.

C   G
You ask me to enter, but then you make me crawl;

                Fmaj7   C
And I can't be holding on to what you got, when all you got is hurt.

Chorus 4

C   Am
One love, one blood,

Fmaj7   C
One life, you got to do what you should.

          Am
One life, with each other,

Fmaj7   C
Sisters, brothers.

             Am
One life, but we're not the same,

        Fmaj7   C
We get to carry each other, carry each other.

Outro

      Am Fmaj7 C   Am   Fmaj7   C
One,   one.

      Am
Ooh,___ oh,

Fmaj7   C   Am
Baby, baby, baby, ha,___

    Fmaj7 C Am   Fmaj7   C
Ha,___   ha,___   ah,___   ha.___

Over And Over

Words & Music by Paul Godfrey, Ross Godfrey & Skye Edwards

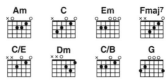

Tune guitar down a semitone

Verse 1 | Am | Am | Am | Am ‖

Am
Waking to these sounds again,

I wonder how I'll sleep.

Passing out is taking off into the stubborn deep,
      C   **Em**
I'd like to meet a human who makes it all seem clear.
Am   **C**   **Em**
 To work out all these cycles and why I'm standing here,

I'm falling.

    Fmaj⁷ **C/E** **Dm** **C** **Am**
Chorus 1 Over and over and over and over again now,
        C **C/B** **Am** **G** **Em**
    Calling over and over and over and over again now.

Verse 2   ‖ **Am** | **Am** | **Am** | **Am** ‖

Am
Running through my life right now,

I don't regret a thing.

The things I do just make me laugh and make me wanna drink,
                              C   **Em**
I'd like to meet a mad man who makes it all seem sane.
Am   **C**   **Em**
    To work out all these troubles and what there is to gain

I'm falling.

Chorus 2   As Chorus 1

Verse 3   ‖ **Am** | **Am** | **Am** | **Am** ‖

Am
Projecting what I want is always hard to know,

But when it comes between my sights I'll let the damage show.
                              C   **Em**
I'd like to meet a spaceman who's got it going on,
Am   **C**   **Em**
Sailing through the stars at night until our world is gone

I'm falling.

Chorus 3   As Chorus 1

Chorus 4   As Chorus 1

People Are Strange

Words & Music by Jim Morrison, Robbie Krieger, Ray Manzarek & John Densmore

Em   Am   B7   G

Chorus 1

Em   Am   Em
People are strange when you're a stranger:

Am   Em B7   Em
Faces look ugly when you're alone.

         Am   Em
Women seem wicked when you're unwanted,

Am   Em B7   Em
Streets are uneven when you're down.

Verse 1

       B7   G   B7
When you're strange, faces come out of the rain.

N.C.   B7   G   B7
When you're strange, no-one remembers your name.

N.C.   B7
When you're strange, when you're strange,

When you're strange.

Chorus 2

Em   Am   Em
People are strange when you're a stranger:

Am   Em B7   Em
Faces look ugly when you're alone.

         Am   Em
Women seem wicked when you're unwanted,

Am   Em B7   Em
Streets are uneven when you're down.

Link 1

| B7 | B7 | Em | Em | |
| B7 | B7 | Em | Em N.C. ‖

Verse 2

N.C.   B7   G   B7
When you're strange, faces come out of the rain.

N.C.   B7   G   B7
When you're strange, no-one remembers your name.

N.C.   B7
When you're strange, when you're strange,

When you're strange, all right, yeah.

Link 2

| Em | | Am | Em | Am | Em | B7 | Em | |

| Em | | Am | Em | Am | Em | B7 | Em | ‖

Verse 3

       B7   G   B7
When you're strange, faces come out of the rain.

           G   B7
When you're strange no-one remembers your name.

When you're strange, when you're strange,

         N.C.
When you're strange.

Perfect

Words & Music by Mark E. Nevin

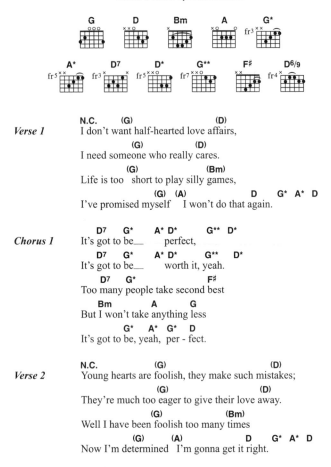

G   D   Bm   A   G*

A*   D7   D*   G**   F♯   D6/9

Verse 1

    N.C.   (G)   (D)
I don't want half-hearted love affairs,
             (G)   (D)
I need someone who really cares.
          (G)   (Bm)
Life is too   short to play silly games,
                  (G) (A)   D   G* A* D
I've promised myself   I won't do that again.

Chorus 1

          D7   G*   A* D*   G** D*
It's got to be___   perfect,
          D7   G*   A* D*   G**   D*
It's got to be___   worth it, yeah.
          D7   G*   F♯
Too many people take second best
          Bm   A   G
But I won't take anything less
              G*   A*   G*   D
It's got to be, yeah, per - fect.

Verse 2

    N.C.   (G)   (D)
Young hearts are foolish, they make such mistakes;
                  (G)   (D)
They're much too eager to give their love away.
             (G)   (Bm)
Well I have been foolish too many times
          (G)   (A)   D   G* A*   D
Now I'm determined   I'm gonna get it right.

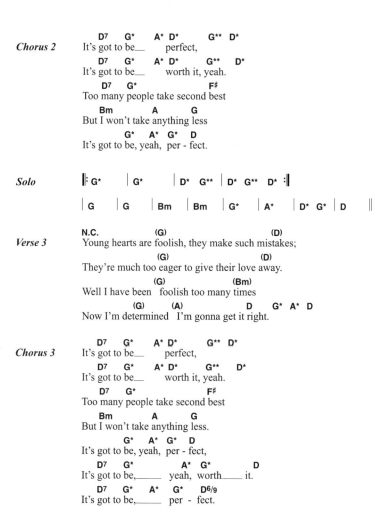

Chorus 2

    D7   **G***   **A* D***   **G** D***
It's got to be__   perfect,

    D7   **G***   **A* D***   **G****   **D***
It's got to be__   worth it, yeah.

      D7   **G***   **F♯**
Too many people take second best

  Bm   **A**   **G**
But I won't take anything less

        G*   **A*** **G***   **D**
It's got to be, yeah, per - fect.

Solo

‖: **G*** | **G*** | **D*** **G**** | **D*** **G**** **D*** :‖

| **G** | **G** | **Bm** | **Bm** | **G*** | **A*** | **D*** **G*** | **D**   ‖

Verse 3

N.C.   **(G)**   **(D)**
Young hearts are foolish, they make such mistakes;

                (G)   **(D)**
They're much too eager to give their love away.

              (G)   **(Bm)**
Well I have been foolish too many times

            (G)   **(A)**   **D**   **G* A* D**
Now I'm determined I'm gonna get it right.

Chorus 3

    D7   **G***   **A* D***   **G** D***
It's got to be__   perfect,

    D7   **G***   **A* D***   **G****   **D***
It's got to be__   worth it, yeah.

    D7   **G***   **F♯**
Too many people take second best

  Bm   **A**   **G**
But I won't take anything less.

        G*   **A*** **G***   **D**
It's got to be, yeah, per - fect,

    D7   **G***   **A***   **G***   **D**
It's got to be,_____ yeah, worth____ it.

    D7   **G***   **A***   **G***   **D6/9**
It's got to be,_____ per - fect.

The Passenger

Words by Iggy Pop
Music by Ricky Gardiner

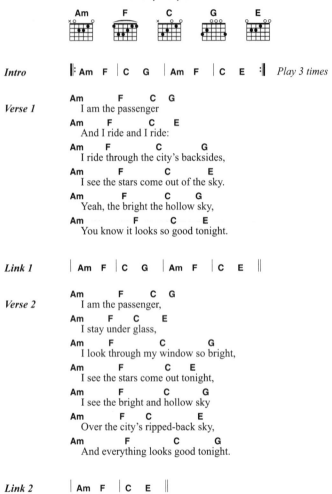

Intro
|: Am F | C G | Am F | C E :| *Play 3 times*

Verse 1

Am   F   C G
  I am the passenger

Am   F   C   E
  And I ride and I ride:

Am   F   C   G
  I ride through the city's backsides,

Am   F   C   E
  I see the stars come out of the sky.

Am   F   C   G
  Yeah, the bright the hollow sky,

Am   F   C   E
  You know it looks so good tonight.

Link 1
| Am F | C G | Am F | C E ‖

Verse 2

Am   F   C G
  I am the passenger,

Am   F   C   E
  I stay under glass,

Am   F   C   G
  I look through my window so bright,

Am   F   C   E
  I see the stars come out tonight,

Am   F   C   G
  I see the bright and hollow sky

Am   F   C   E
  Over the city's ripped-back sky,

Am   F   C   G
  And everything looks good tonight.

Link 2
| Am F | C E ‖

Chorus 1

        Am F   C   G Am F   C   E
Singing la la, la la, la-la-la-la,   la la, la la, la-la-la-la,

Am F   C   G
La la, la la, la-la-la-la, la la (la.)

Link 3

| **Am F** | **C   E** | **Am F** | **C   G** ‖
la.

Verse 3

Am   F   C   G
Get into the car,

Am   F   C   E
We'll be the passenger:

Am   F   C   G
We'll ride through the city tonight,

Am   F   C   E
We'll see the city's ripped backsides,

Am   F   C   G
We'll see the bright and hollow sky,

Am   F   C   E
We'll see the stars that shine so bright,

Am F   C   G
Stars made for us tonight.

Link 4

| **Am F** | **C   E** | **Am F** | **C   G** | **Am F** | **C   E** ‖

Verse 4

Am   F   C G Am   F   C   E
Oh, the passenger   how, how he rides.

Am   F   C G Am F   C   E
Oh, the passenger   he rides and he rides.

Am   F   C   G
He looks through his window,

Am   F   C   E
What does he see?

Am   F   C   G
He sees the bright and hollow sky,

Am   F   C   E
He sees the stars come out tonight,

Am   F   C   G
He sees the city's ripped backsides,

Am   F   C   E
He sees the winding ocean drive.

Am   F   C   G
And everything was made for you and me,

Am F   C   E
All of it was made for you and me,

Am   F   C   G
'Cause it just belongs to you and me,

Am   F   C   E
So let's take a ride and see what's (mine.)

Link 5 | Am F | C   G | Am F | C   E ||
           mine.   Singing:

Am   F   C   G   Am   F   C   E
Chorus 2 La la, la la, la-la-la-la, la la, la la, la-la-la-la,

Am   F   C   G
La la, la la, la-la-la-la, la la (la.)

Link 6 | Am F | C   E | Am F | C   G ||
           la.

Am   F   C G Am F   C   E
Verse 5   Oh, the passenger   he rides and he rides:

Am   F   C   G
He sees things from under glass,

Am   F   C   E
He looks through his window side,

Am   F   C   G
He sees the things he knows are his.

Am   F   C   E
He sees the bright and hollow sky,

Am   F   C   G
He sees the city sleep at night,

Am   F   C   E
He sees the stars are out tonight.

Am   F   C   G
And all of it is yours and mine,

Am   F   C   E
And all of it is yours and mine,

Am   F   C   G   Am   F C E
So let's ride and ride and ride and ride.

Link 7 | Am F | C   G ||
                          Singing:

Am   F   C   G   Am   F   C   E
Chorus 3 |: La la, la la, la-la-la-la, la la, la la, la-la-la-la,

Am   F   C   G
La la, la la, la-la-la-la, la la la. :| *Repeat to fade*

170

Romeo And Juliet

Words & Music by Mark Knopfler

F   C   B♭   Dm   Gm   Cadd9

Tuning: D, G, D, G, B, D
Capo third fret

Intro ‖: F   C | B♭   C | F   C | B♭   C :‖

Verse 1
F   Dm   C
   A lovestruck Romeo   sings a streetsuss serenade
F   Dm   B♭
   Laying everybody low   with a lovesong that he made
C   B♭ C   F
   Finds a convenient streetlight   steps out of the shade
                          B♭   C
Says something like   you and me babe how a - bout it?

Verse 2
F   Dm   C
   Juliet says   hey it's Romeo   you nearly gimme a heart attack
F   Dm   B♭
   He's underneath the window she's singing   hey la my boyfriend's back
C   B♭ C   F
   You shouldn't come around here   singing up at people like that
B♭   C
   Anyway what you gonna do a - bout it?

Chorus 1
        F C   Dm   C B♭
Juliet   the dice were loaded from the start
      F   C   Dm   C B♭
And I bet   and you ex - ploded in my heart
        C   F   B♭ Dm   B♭
And I for - get I for - get the movie song
Gm   F   B♭   C   Dm C   F
   When you gonna realise it was just that the time was wrong   Juliet?

Link | B♭ | F   C | B♭   C ‖

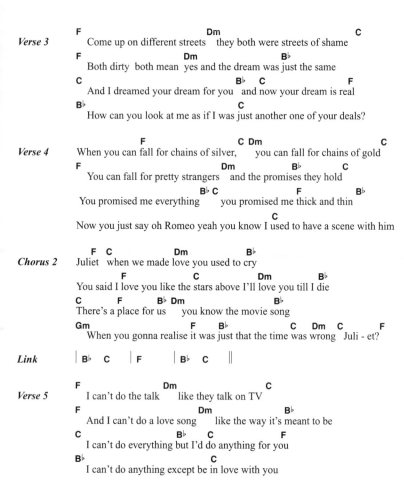

Verse 3

```
       F                              Dm                                    C
       Come up on different streets    they both were streets of shame
       F                        Dm                        B♭
       Both dirty  both mean  yes and the dream was just the same
       C                              B♭   C                     F
       And I dreamed your dream for you   and now your dream is real
       B♭                                   C
       How can you look at me as if I was just another one of your deals?
```

Verse 4

```
                    F                    C Dm                          C
       When you can fall for chains of silver,    you can fall for chains of gold
       F                          Dm                B♭       C
       You can fall for pretty strangers   and the promises they hold
                            B♭ C                 F                    B♭
       You promised me everything     you promised me thick and thin
                                                  C
       Now you just say oh Romeo yeah you know I used to have a scene with him
```

Chorus 2

```
            F  C           Dm               B♭
       Juliet   when we made love you used to cry
                 F              C            Dm          B♭
       You said I love you like the stars above I'll love you till I die
       C       F       B♭ Dm                   B♭
       There's a place for us     you know the movie song
       Gm                             F      B♭          C   Dm  C        F
          When you gonna realise it was just that the time was wrong  Juli - et?
```

Link

```
       | B♭  C   | F       | B♭  C    ‖
```

Verse 5

```
       F                    Dm                    C
       I can't do the talk    like they talk on TV
       F                        Dm                B♭
       And I can't do a love song    like the way it's meant to be
       C                      B♭   C                 F
       I can't do everything but I'd do anything for you
       B♭                              C
       I can't do anything except be in love with you
```

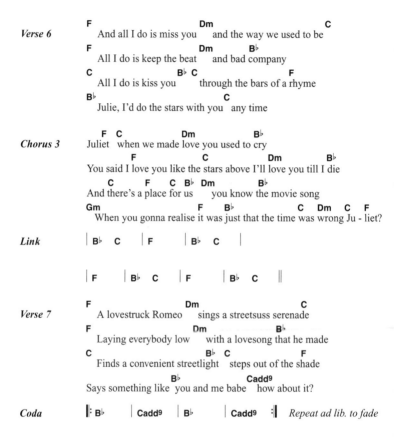

Verse 6

F   Dm   C
And all I do is miss you   and the way we used to be

F   Dm   B♭
All I do is keep the beat   and bad company

C   B♭ C   F
All I do is kiss you   through the bars of a rhyme

B♭   C
Julie, I'd do the stars with you any time

Chorus 3

    F C   Dm   B♭
Juliet when we made love you used to cry

          F   C   Dm   B♭
You said I love you like the stars above I'll love you till I die

      C   F   C B♭ Dm   B♭
And there's a place for us   you know the movie song

Gm   F   B♭   C   Dm C F
When you gonna realise it was just that the time was wrong Ju - liet?

Link

‖ B♭   C | F | B♭   C |

| F | B♭   C | F | B♭   C   ‖

Verse 7

F   Dm   C
A lovestruck Romeo   sings a streetsuss serenade

F   Dm   B♭
Laying everybody low   with a lovesong that he made

C   B♭ C   F
Finds a convenient streetlight   steps out of the shade

                     B♭   Cadd9
Says something like you and me babe how about it?

Coda

‖: B♭ | Cadd9 | B♭ | Cadd9 :‖   *Repeat ad lib. to fade*

Redemption Song

Words & Music by Bob Marley

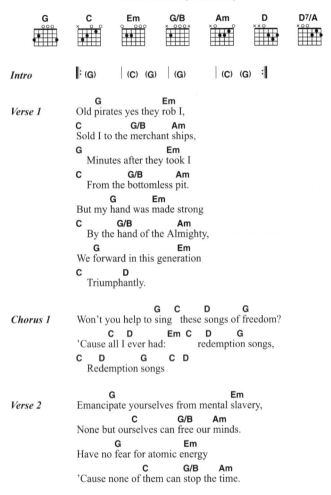

G	C	Em	G/B	Am	D	D⁷/A

Intro   ‖: (G) | (C) (G) | (G) | (C) (G) :‖

Verse 1

       G   Em
Old pirates yes they rob I,

C   G/B   Am
Sold I to the merchant ships,

G   Em
   Minutes after they took I

C   G/B   Am
   From the bottomless pit.

       G   Em
But my hand was made strong

C   G/B   Am
   By the hand of the Almighty,

      G   Em
We forward in this generation

C   D
   Triumphantly.

Chorus 1

                G C   D   G
Won't you help to sing   these songs of freedom?

         C D   Em C   D   G
'Cause all I ever had: redemption songs,

C   D   G   C D
   Redemption songs

Verse 2

        G   Em
Emancipate yourselves from mental slavery,

              C   G/B   Am
None but ourselves can free our minds.

        G   Em
Have no fear for atomic energy

               C   G/B   Am
'Cause none of them can stop the time.

G   Em
How long shall they kill our prophets
   C G/B Am
While we stand aside and look?
 G   Em
Some say it's just a part of it,
   C   G/B D
We've got to fulfill the Book.

Chorus 2

      G C D   G
Won't you help to sing these songs of freedom?
    C D Em C D   G
'Cause all I ever had: re - demption songs,
C D   G   C D   G   C D
 Redemption songs, redemption songs.

Solo

‖: Em | C D | Em | C D :‖

Verse 3

  G   Em
Emancipate yourselves from mental slavery,
     C   G/B Am
None but ourselves can free our minds.
   G   Em
Have no fear for atomic energy
       C   G/B Am
'Cause none of them can stop the time.
   G   Em
How long shall they kill our prophets
   C G/B Am
While we stand aside and look?
  G   Em
Some say it's just a part of it,
   C   G/B D
We've got to fulfill the Book.

Chorus 3

       G C D   G
Won't you help to sing, these songs of freedom?
    C D   Em C D   G
'Cause all I ever had: redemption songs.
C   D   Em C D   Em
All I ever had: redemption songs,
C   D   G   C D   G
 These songs of freedom, songs of freedom.

Coda

| C G/B | Am | Am | D7/A | D7/A ‖

Sail Away

Words & Music by David Gray

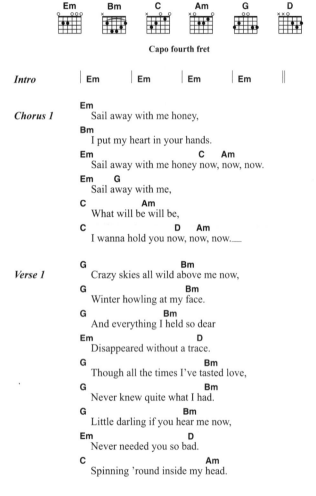

Capo fourth fret

| Intro | ‖ Em | Em | Em | Em ‖ |

Chorus 1

Em
   Sail away with me honey,

Bm
   I put my heart in your hands.

Em   C   Am
   Sail away with me honey now, now, now.

Em   G
   Sail away with me,

C   Am
   What will be will be,

C   D   Am
   I wanna hold you now, now, now.__

Verse 1

G   Bm
   Crazy skies all wild above me now,

G   Bm
   Winter howling at my face.

G   Bm
   And everything I held so dear

Em   D
   Disappeared without a trace.

G   Bm
   Though all the times I've tasted love,

G   Bm
   Never knew quite what I had.

G   Bm
   Little darling if you hear me now,

Em   D
   Never needed you so bad.

C   Am
   Spinning 'round inside my head.

| *Chorus 2* | As Chorus 1 |

Verse 2
G   Bm
  I've been talking drunken gibberish

G   Bm
  Falling in and out of bars,

G   Bm
  Trying to get some explanation here

Em   D
  For the way some people are;

C   Am
  How did it ever come so far?

| *Chorus 3* | As Chorus 1 |

| *Chorus 4* | As Chorus 1 |

Chorus 5
Em
  Sail away with me honey,

Bm
  I put my heart in your hands.

Em   C   Am
  You'll break me up if you put me down, woh,___

Em   G
  Sail away with me,

C   Am
  What will be will be,

Em   D   Am
  I wanna hold you now, now, now.

Outro

Em		Bm		Em		C Am	
Em	G	C Am	C		D Am	
Em		Em		Em		Em	‖

Sailing

Words & Music by Gavin Sutherland

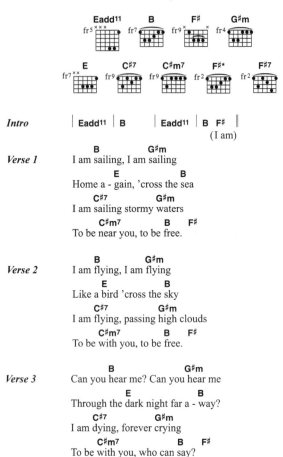

Intro | Eadd¹¹ | B | Eadd¹¹ | B F♯ ‖

(I am)

Verse 1
       B   **G♯m**
I am sailing, I am sailing
            E   **B**
Home a - gain, 'cross the sea
    C♯7   **G♯m**
I am sailing stormy waters
      C♯m7   **B**   **F♯**
To be near you, to be free.

Verse 2
       B   **G♯m**
I am flying, I am flying
          E   **B**
Like a bird 'cross the sky
    C♯7   **G♯m**
I am flying, passing high clouds
      C♯m7   **B**   **F♯**
To be with you, to be free.

Verse 3
        B   **G♯m**
Can you hear me? Can you hear me
          E   **B**
Through the dark night far a - way?
    C♯7   **G♯m**
I am dying, forever crying
      C♯m7   **B**   **F♯**
To be with you, who can say?

Verse 4

             B   **G♯m**
Can you hear me? Can you hear me

                 E   **B**
Through the dark night far a - way?

      C♯7   **G♯m**
I am dying, forever crying,

         C♯m7   **B**   **F♯**
To be with you, who can say?

Guitar solo | **E** | **G♯m** | **F♯*** | **G♯m** |

                 | **E** | **B** | **F♯*** | **F♯7** ‖

Verse 5

             B   **G♯m**
We are sailing, we are sailing

               E   **B**
Home a - gain 'cross the sea

          C♯7   **G♯m**
We are sailing stormy waters,

         C♯m7
To be near you,

      B
To be free,

F♯   **C♯m7**
Oh Lord, to be near you

      B
To be free,

F♯   **C♯m7**
Oh my Lord, to be near you

      B
To be free.

F♯   **C♯m7**
Oh my Lord, to be near you

      B
To be free.

F♯
Oh Lord.

Link | **Eadd11** | **B** **F♯** ‖

Outro   ‖: **B** | **G♯m** | **E** | **B** |

           | **C♯7** | **G♯m** | **C♯m7** | **B** **F♯** :‖ *Repeat to fade*

Sara

Words & Music by Stevie Nicks

Intro
| F* G/F | Am/F G/F | F* G/F | Am/F G/F ‖

F*   G/F
Wait a minute baby,

Am/F   G/F
Stay with me a while,

F*   G/F
Said you'd give me light,

         Am/F   G/F
But you never told me about the fire.

| F* G/F | Am/F G/F |

Link 1
| F C/F F | C/F F C/F| F/D C/D F/D| C/D F/D C/D|

| F/B♭ C/B♭ F/B♭ | C/B♭ F/B♭ C/B♭ | F/C C F/C | C ‖

Verse 1
F C/F   F   F/D C/D F/D C/D F/D
Drowning in the sea of love,

C/D   F/B♭   C/B♭ F/B♭ C/B♭   F/B♭ C/B♭ F/C C F/C C
Where every - one   would love to drown.

   F C/F   F C/F   F
But now it's gone

   C/F   F/D C/D F/D   C/D F/D
It doesn't matter what for,

C/D   F/B♭ C/B♭ F/B♭ C/B♭ F/B♭ C/B♭ F/C C F/C C
When you build your house,   then call me home.

Chorus 1
|F* G/F Am/F |F* G/F Am/F | F/G G Am/G|F/G G Am/G |
                    Ooh,_____

          F* G/F Am/F
And he was just like

                 F* G/F Am/F
A great dark wing,

          F/G   G Am/G |F/G G Am/G
Within the wings of a storm.

               F* G/F Am/F | F* G/F Am/F

               F*   G/F Am/F | F* G/F Am/F
I think I have met my match,

           F/G   G Am/G | F/G G Am/G
He was singing.

       F* G/F Am/F | F* G/F Am/F
And un - doing,

         F/G   G Am/G | F/G G Am/G
And undoing

      F* G/F Am/F | F* G/F Am/F
The laces,

             F/G   G Am/G   F/G   G Am/G
Undoing the laces.   Ooh, ooh.

Verse 2

      F C/F   F   F/D C/D F/D C/D F/D
            In the sea of love,

C/D   F/B♭   C/B♭ F/B♭ C/B♭ F/B♭ C/B♭ F/C C F/C C
Where every - one   would love to   drown,

    F C/F   F C/F   F
But now it's gone,

   C/F   F/D C/D F/D   C/D F/D
They say it doesn't matter anymore,

C/D   F/B♭ C/B♭ F/B♭   C/B♭ F/B♭
If you build your house,

C/B♭ F/C C F/C C   F/C C
Then please call me,   oh,

Verse 3

        F C/F F C/F F
Said Sara,

C/F   F/D C/D F/D   C/D F/D C/D
You're the poet in my heart,

F/B♭ C/B♭ F/B♭ C/B♭ F/B♭ C/B♭   F/C C F/C C F/C C
Never change,   and don't you ever stop.

    F C/F F C/F F
But now it's gone,   no

   C/F   F/D C/D F/D   C/D F/D
It doesn't matter anymore,

C/D   F/B♭ C/B♭ F/B♭   C/B♭ F/B♭
When you build your house,

C/B♭ F/C C F/C C
I'll come by.

Outro

   F C/F   F C/F F
‖: Sara...

C/F F/D C/D F/D   C/D F/D C/D
Oh Sara...

F/B♭ C/B♭ F/B♭ C/B♭ F/B♭ C/B♭

F/C C F/C C :‖ *Repeat to fade*

The Ship Song

Words & Music by Nick Cave

G	D	C	Em

Intro | G | D | C | G D ‖

Chorus 1

G   D
Come sail your ships around me
C   G   D
And burn your bridges down
G   D
We make a little history, baby
C   G   D
Every time you come a - round

Chorus 2

G   D
Come loose your dogs upon me
C   G   D
And let your hair hang down
G   D
You are a little mystery to me
C   G   D
Every time you call around

Verse 1

C   G   D
We talk about it all night long
C   G   D
We define our moral ground
Em   G
But when I crawl into your arms
      C   G   D
E - verything comes tumbling down

Chorus 3

G   D
Come sail your ships around me

C   G   D
And burn your bridges down

G   D
We make a little history, baby

C   G   D
Every time you come a - round

Verse 2

C   G D
Your face has fallen sad now

C   G   D
For you know the time is nigh

Em   G
When I must re - move your wings

        C   G   D
And you, you must try to fly

Chorus 4

G   D
Come sail your ships around me

C   G   D
And burn your bridges down

G   D
We make a little history, baby

C   G   D
Every time you come a - round

Chorus 5

G   D
Come loose your dogs upon me

C   G   D
And let your hair hang down

G   D
You are a little mystery to me

C   G   D
Every time you call around

Chorus 6

G   D
Come sail your ships around me

C   G   D
And burn your bridges down

G   D
We make a little history, baby

C   G   D
Every time you come a - round

Outro   ‖: G | D | C | G D :‖ *Play 7 times to fade*

Sing

Words & Music by Fran Healy

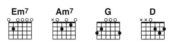

Em7   Am7   G   D

Capo second fret

Intro ‖: Em7 | Am7 | Am7 | Em7 :‖

Verse 1
Em7   Am7
Baby, you've been going so crazy,
                        Em7
Lately, nothing seems to be going right.
                        Am7
So low, why do you have to get so low?
                                    Em7
You're so, you've been waiting in the sun too long.

Chorus 1
            G   D   Am7
But if you sing, sing,
                  G
Sing, sing, sing, sing.
                        D   Am7
For the love you bring won't mean a thing
                              G
Unless you sing, sing, sing, sing.

Verse 2
Em7   Am7
Colder, crying over your shoulder,
                              Em7
Hold her, tell her everything's gonna be fine.
                              Am7
Surely, you've been going to hurry,
                              Em7
Hurry, 'cause no one's gonna be stopped, now, now, now, now, now,

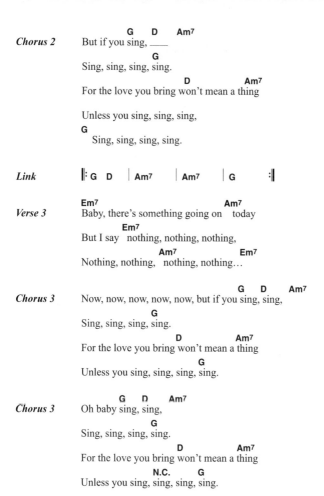

Chorus 2

          G   D   Am⁷

But if you sing, ____

              G

Sing, sing, sing, sing.

                        D   Am⁷

For the love you bring won't mean a thing

Unless you sing, sing, sing,

G

   Sing, sing, sing, sing.

Link

‖: G D | Am⁷ | Am⁷ | G   :‖

Verse 3

Em⁷   Am⁷

Baby, there's something going on   today

           Em⁷

But I say   nothing, nothing, nothing,

                  Am⁷   Em⁷

Nothing, nothing,   nothing, nothing…

Chorus 3

                                     G   D   Am⁷

Now, now, now, now, now, but if you sing, sing,

                    G

Sing, sing, sing, sing.

                  D   Am⁷

For the love you bring won't mean a thing

                          G

Unless you sing, sing, sing, sing.

Chorus 3

          G   D   Am⁷

Oh baby sing, sing,

              G

Sing, sing, sing, sing.

                  D   Am⁷

For the love you bring won't mean a thing

                  N.C.   G

Unless you sing, sing, sing, sing.

Sit Down

Words & Music by Tim Booth, Larry Gott, Jim Glennie & Gavan Whelan

| G | C | D |

Intro ‖: G | G | C | D :‖

Verse 1
       G   C   D
I'll sing myself to sleep, a song from the darkest hour.
G   C   D
Secrets I can't keep inside all the day.
G   C   D
Swing from high to deep, extremes of sweet and sour.
G   C   D
Hope that God exists, I hope, I pray.

Bridge
       G
Drawn by the undertow,
       C   D
My life is out of control.
G   C
I believe this wave will bear my weight,
          D
So let it flow.

Chorus 1
          G
Oh sit down, oh sit down, oh sit down,
C   D
Sit down next to me.
         G
Sit down, down, down, down,
       C   D
Down in sympathy.

Instrumental ‖: G | G | C | D :‖

Verse 2

      G   **C**   **D**
Now I'm relieved to hear that you've been to some far out places.
      G   **C**   **D**
It's hard to carry on when you feel all alone.
G   **C**   **D**
Now I've swung back down again it's worse than it was before.
      G   **C**   **D**
If I hadn't seen such riches I could live with being poor.

Chorus 2   As Chorus 1

Link | **G** | **G** | **G** | **G** ||

Middle

G   **(C)**   **(D)**
Those who feel the breath of sadness, sit down next to me.
G   **(C)**   **(D)**
Those who find they're touched by madness, sit down next to me.
G   **(C)**   **(D)**
Those who find themselves ridiculous, sit down next to me.
      G
In love, in fear, in hate, in tears,
   C   **D**
In love, in fear, in hate, in tears,
      G
In love, in fear, in hate, in tears,
   C   **D**
In love, in fear, in hate.
G | **G** | **C** | **D** |
Down.
G | **G** | **C** | **D** ||
Down.

Chorus 3   As Chorus 1

Chorus 4

        G
Oh sit down, oh sit down, oh sit down,
C   **D**
Sit down next to me.
      G
Sit down, down, down, down,
     C   **D**
Down in sympathy.
G
Down.

(Sittin' On)
The Dock Of The Bay

Words & Music by Otis Redding & Steve Cropper

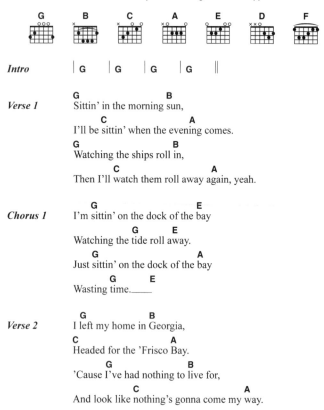

| G | B | C | A | E | D | F |

Intro | G | G | G | G ‖

Verse 1
G   B
Sittin' in the morning sun,
        C   A
I'll be sittin' when the evening comes.
G   B
Watching the ships roll in,
          C   A
Then I'll watch them roll away again, yeah.

Chorus 1
            G   E
I'm sittin' on the dock of the bay
                    G   E
Watching the tide roll away.
        G   A
Just sittin' on the dock of the bay
              G   E
Wasting time.____

Verse 2
        G   B
I left my home in Georgia,
C   A
Headed for the 'Frisco Bay.
          G   B
'Cause I've had nothing to live for,
                C   A
And look like nothing's gonna come my way.

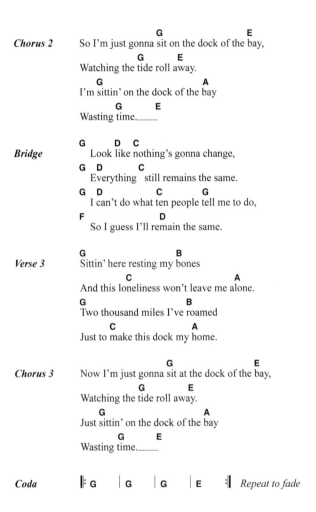

Chorus 2

               G   **E**
So I'm just gonna sit on the dock of the bay,

               G   **E**
Watching the tide roll away.

  G   **A**
I'm sittin' on the dock of the bay

       G   **E**
Wasting time.____

Bridge

G   **D** **C**
Look like nothing's gonna change,

G **D**   **C**
Everything   still remains the same.

G **D**   **C**   **G**
I can't do what ten people tell me to do,

F   **D**
So I guess I'll remain the same.

Verse 3

G   **B**
Sittin' here resting my bones

         C   **A**
And this loneliness won't leave me alone.

G   **B**
Two thousand miles I've roamed

    C   **A**
Just to make this dock my home.

Chorus 3

               G   **E**
Now I'm just gonna sit at the dock of the bay,

               G   **E**
Watching the tide roll away.

     G   **A**
Just sittin' on the dock of the bay

       G   **E**
Wasting time.____

Coda   ‖: **G** | **G** | **G** | **E** :‖ *Repeat to fade*

So Long, Marianne

Words & Music by Leonard Cohen

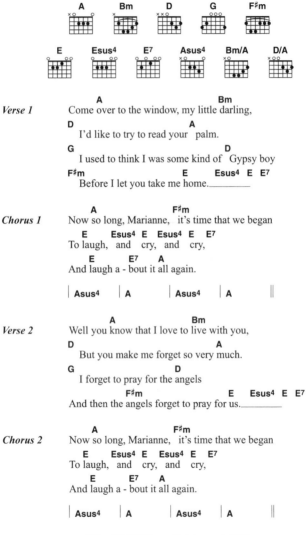

Verse 1

        A   Bm
Come over to the window, my little darling,

D   A
  I'd like to try to read your palm.

G   D
  I used to think I was some kind of Gypsy boy

F♯m   E   Esus⁴ E E⁷
  Before I let you take me home._____

Chorus 1

        A   F♯m
Now so long, Marianne, it's time that we began

    E   Esus⁴ E   Esus⁴ E   E⁷
To laugh, and   cry, and   cry,

     E   E⁷   A
And laugh a - bout it all again.

| Asus⁴ | A | Asus⁴ | A   ‖

Verse 2

        A   Bm
Well you know that I love to live with you,

D   A
  But you make me forget so very much.

G   D
  I forget to pray for the angels

             F♯m   E   Esus⁴ E E⁷
And then the angels forget to pray for us._____

Chorus 2

        A   F♯m
Now so long, Marianne, it's time that we began

    E   Esus⁴ E   Esus⁴ E   E⁷
To laugh, and   cry, and   cry,

     E   E⁷   A
And laugh a - bout it all again.

| Asus⁴ | A | Asus⁴ | A   ‖

Verse 3

    A   **Bm/A**
We met when we were almost young

D/A   **A**
  Deep in the green lilac park.

G   **D**
  You held on to me like I was a crucifix,

F♯m   **E**   **Esus4** **E** **E7**
  As we went kneeling through the dark._____

Chorus 2   As Chorus 2

Verse 4

          A   **Bm**
Your letters they all say that you're be - side me now.

D   **A**
  Then why do I feel alone?

G   **D**
  I'm standing on a ledge and your fine spider web

    F♯m   **E**   **Esus4** **E** **E7**
Is fastening my ankle to a stone._____

Chorus 4   As Chorus 2

Verse 5

        A   **Bm/A**
For now I need your hidden love,

D/A   **A**
  I'm cold as a new razor blade.

G   **D**
  You left when I told you I was curious,

F♯m   **E**   **Esus4** **E** **E7**
  I never said that I was brave._____

Chorus 5   As Chorus 2

Verse 6

    A   **Bm**
Oh, you are really such a pretty one,

D   **A**
  I see you've gone and changed your name again.

G   **D**
  And just when I climbed this whole mountainside,

F♯m   **E** **Esus4**   **E**   **E7**
  To wash my eye - lids in the rain!

Chorus 6   As Chorus 2

Outro | **Asus4** | **A** | **Asus4** | **A**   ‖

Somethin' Stupid

Words & Music by C. Carson Parks

Intro |Am⁷ D⁷ |Am⁷ D⁷ |G |G

Verse 1

　　　　　　G　　　　　G⁶　　　　　Gmaj⁷　　　　　G⁶
I know I stand in line until you think you have the time

　　　　　　　　Am⁷　　　　D⁷ |Am⁷ D⁷ |
To spend an evening with me.

　　　　Am⁷　　　　　D⁷　　　　　Am⁷　　　　　　D⁷
And if we go someplace to dance I know that there's a chance,

　　　　　　Gmaj⁷　　　G⁶ |Gmaj⁷ G⁶ |
You won't be leaving with me.

　　　　G⁷　　　　　Dm⁷　　　　G⁷
And afterwards we drop into a quiet little place,

　　　　　　Cmaj⁷　　　　E♭
And have a drink or two.

　　　　Am⁷　　　　D⁷　　　　　Am⁷　　　　　D⁷
And then I go and spoil it all by saying something stupid

　　　　G　　　　　G⁶ |Gmaj⁷　　G⁶ |
Like "I love you."

　　　　G⁷　　　　Dm⁷　　　　G⁷
I can see it in your eyes that you despise the same old lies

　　　　　　C　　　　 |Cmaj⁷　　 |
You heard the night before.

　　　　A⁷　　　　　Em⁷　　　　A⁷
And though it's just a line to you for me it's true,

　　　　　　D　　　 |D⁷#5　　 |
It never seemed so right before.

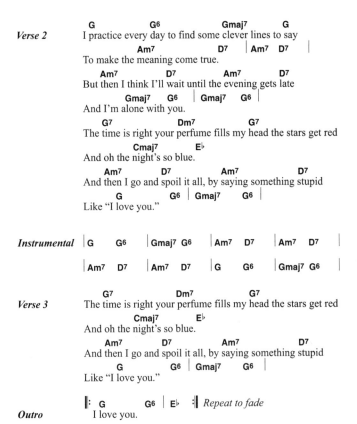

Verse 2

G   G6   Gmaj7   G
I practice every day to find some clever lines to say

         Am7   D7 | Am7   D7 |
To make the meaning come true.

   Am7   D7   Am7   D7
But then I think I'll wait until the evening gets late

      Gmaj7   G6 | Gmaj7   G6 |
And I'm alone with you.

    G7   Dm7   G7
The time is right your perfume fills my head the stars get red

       Cmaj7   E♭
And oh the night's so blue.

   Am7   D7   Am7   D7
And then I go and spoil it all, by saying something stupid

     G   G6 | Gmaj7   G6 |
Like "I love you."

Instrumental

| G   G6 | Gmaj7 G6 | Am7   D7 | Am7   D7 |

| Am7   D7 | Am7   D7 | G   G6 | Gmaj7 G6 |

Verse 3

    G7   Dm7   G7
The time is right your perfume fills my head the stars get red

       Cmaj7   E♭
And oh the night's so blue.

   Am7   D7   Am7   D7
And then I go and spoil it all, by saying something stupid

     G   G6 | Gmaj7   G6 |
Like "I love you."

Outro

‖: G   G6 | E♭   :‖ *Repeat to fade*
I love you.

Something To Talk About

Words & Music by Damon Gough

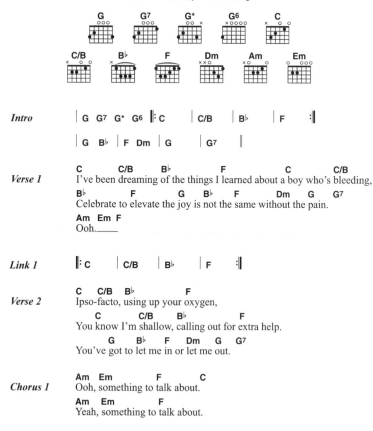

Intro | G G7 G* G6 ‖: C | C/B | B♭ | F :‖

| G B♭ F Dm | G | G7 ‖

Verse 1
C   C/B   B♭   F   C   C/B
I've been dreaming of the things I learned about a boy who's bleeding,
B♭   F   G   B♭   F   Dm   G   G7
Celebrate to elevate the joy is not the same without the pain.
Am Em F
Ooh._____

Link 1 ‖: C | C/B | B♭ | F :‖

Verse 2
C   C/B   B♭   F
Ipso-facto, using up your oxygen,
      C   C/B   B♭   F
You know I'm shallow, calling out for extra help.
         G   B♭   F   Dm   G   G7
You've got to let me in or let me out.

Chorus 1
Am   Em   F   C
Ooh, something to talk about.
Am   Em   F
Yeah, something to talk about.

Instrumental $\lVert$: C | C/B | B♭ | F :$\rVert$

Bridge
Am Em Dm
Ooh.____
Am Em Dm
Ooh.____
Am Em Dm | G G7 |
Ooh.____

Verse 3
C   C/B   B♭   F   C
I've been dreaming of the things I learned about a boy
        C/B   B♭   F
Who's leaving nothing else to chance again
       G   B♭   F   Dm   G   G7
You've got to let me in or let me out.

Chorus 2 As Chorus 1

Link 2 $\lVert$: C | C/B | B♭ | F :$\rVert$

Outro
Am Em Dm
Ooh.____
Am Em Dm
Ooh.____
Am Em Dm | G | G7 G G7 G* G6 | C $\rVert$
Ooh.____

Song For Whoever

Words & Music by Paul Heaton & David Rotheray

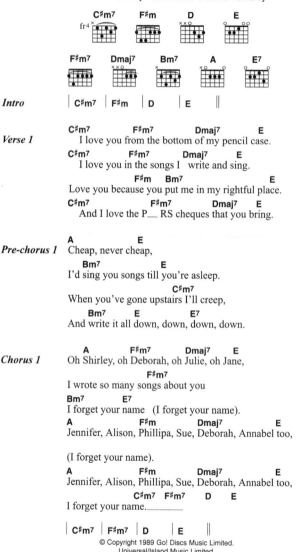

Intro
| C#m7 | F#m | D | E ||

Verse 1

    C#m7   F#m7   Dmaj7   E
I love you from the bottom of my pencil case.

    C#m7   F#m7   Dmaj7   E
I love you in the songs I   write and sing.

                   F#m   Bm7   E
Love you because you put me in my rightful place.

    C#m7   F#m7   Dmaj7   E
And I love the P__ RS cheques that you bring.

Pre-chorus 1

    A   E
Cheap, never cheap,

     Bm7   E
I'd sing you songs till you're asleep.

                      C#m7
When you've gone upstairs I'll creep,

     Bm7   E   E7
And write it all down, down, down, down.

Chorus 1

        A   F#m7   Dmaj7   E
Oh Shirley, oh Deborah, oh Julie, oh Jane,

                        F#m7
I wrote so many songs about you

Bm7   E7
I forget your name   (I forget your name).

A   F#m   Dmaj7   E
Jennifer, Alison, Phillipa, Sue, Deborah, Annabel too,

(I forget your name).

A   F#m   Dmaj7   E
Jennifer, Alison, Phillipa, Sue, Deborah, Annabel too,

                     C#m7 F#m7   D   E
I forget your name._____

| C#m7 | F#m7 | D | E ||

Verse 2

C#m7   F#m7   Dmaj7   E
I love you from the bottom of my pencil case.

C#m7   F#m7   Dmaj7   E
I love the way you never   ask me why.

                      F#m   Bm7   E
I love to write about each wrinkle on your face,

C#m7   F#m7   Dmaj7 E
And I love you till my fountain pen runs dry.

Pre-chorus 2

A   E
Deep, so deep,

    Bm7   E
The number one I hope to reap

      C#m7   F#m7
Depends upon the tears you weep,

    Dmaj7   E   E7
So cry, lovey, cry, cry, cry, cry.

Chorus 2

       A   F#m7   Dmaj7   E
Oh Cathy, oh Alison, oh Phillipa, oh Sue,

               F#m7
You made me so much money,

 Bm7   E
I wrote this song for you,

N.C.
(I wrote this song for you).

A   F#m   Dmaj7   E
Jennifer, Alison, Phillipa, Sue, Deborah, Annabel too,

(I wrote this song for you).

A   F#m   Dmaj7   E
Jennifer, Alison, Phillipa, Sue, Deborah, Annabel too.

Instrumental | A | F#m7 | Dmaj7 | E |

| C#m7 | F#m7 | Dmaj7 | E7 |

| E7 | E7   ‖

Chorus 3   As Chorus 2

Outro

     A   F#m
For you, for you,

Dmaj7   E
  I wrote this song for you

| A | F#m | Dmaj7 |
E   C#m7
  I wrote this song for you.

Songbird

Words & Music by Christine McVie

Intro ‖: G G* D/G | Csus² :‖

| G G* D/G | C/G D |

Verse 1
       C   **G**
For you, there'll be no crying
Am⁷ G/B C **G**
 For you,   the sun will be shining
Am⁷ G/B   **Am**   **Em**
 'Cause I feel that when I'm with you
  Csus²   **G**
It's all right, I know it's right.

Chorus 1
            D   **C**
And the songbirds keep singing
     Em
Like they know the score
   C   **D**
And I love you, I love you, I love you
   G
Like never before.

Guitar solo | C | C | G | G Am⁷ G/B |

| C | C | G | G |

| D | C | Em | Em |

| C | D | G | G |

Verse 2

            C   **G**
To you, I would give the world

Am7 G/B C   **G**
  To   you, I'd   never be cold

Am7   **G/B** **Am**   **Em**
  'Cause I feel that when I'm with you

    Csus2   **G**
It's all right, I know it's right.

Chorus 2

          D   **C**
And the songbirds keep singing

          Em
Like they know the score

       C   **D**
And I love you, I love you, I love you

      G   **Am7**   **G/B**
Like never before,

C   **G**   **Am7**   **G/B**
  Like never before

C   **G**
  Like never before.

Space Oddity

Words & Music by David Bowie

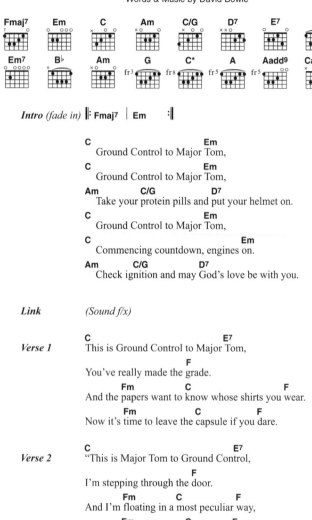

Intro (fade in) ‖: **Fmaj⁷** │ **Em** :‖

    C   **Em**
    Ground Control to Major Tom,

    C   **Em**
    Ground Control to Major Tom,

    Am   **C/G**   **D⁷**
    Take your protein pills and put your helmet on.

    C   **Em**
    Ground Control to Major Tom,

    C   **Em**
    Commencing countdown, engines on.

    Am   **C/G**   **D⁷**
    Check ignition and may God's love be with you.

Link   (*Sound f/x*)

Verse 1
    C   **E⁷**
This is Ground Control to Major Tom,

                      F
You've really made the grade.

    Fm   **C**
And the papers want to know whose shirts you wear.

     Fm   **C**   **F**
Now it's time to leave the capsule if you dare.

Verse 2
    C   **E⁷**
"This is Major Tom to Ground Control,

                      F
I'm stepping through the door.

    Fm   **C**   **F**
And I'm floating in a most peculiar way,

    Fm   **C**   **F**
And the stars look very different today."

Bridge 1

    Fmaj⁷   **Em⁷**
"For here am I sitting in a tin can,

Fmaj⁷   **Em⁷**
Far above the world.

B♭   **Am**
Planet Earth is blue,

        G   **F**
And there's nothing I can do."

Link 2

| C* F G A | C* F G A ‖

| Fmaj⁷ | Em⁷ | Aadd⁹ | Cadd⁹ | D⁷ | E ‖

Verse 3

C   **E⁷**
"Though I'm past one hundred thousand miles,

           F
I'm feeling very still.

  Fm   **C**   **F**
And I think my spaceship knows which way to go.

     Fm   **C**   **F**
Tell my wife I love her very much, she knows."

Verse 4

G   **E⁷**
Ground Control to Major Tom,

    Am   **C/G**
Your circuit's dead, there's something wrong.

     D⁷
Can you hear me, Major Tom?

     C
Can you hear me, Major Tom?

     G
Can you hear me, Major Tom? Can you…

Bridge 2

Fmaj⁷   **Em⁷**
"Here am I floating round my tin can,

Fmaj⁷   **Em⁷**
Far above the Moon.

B♭   **Am**
Planet Earth is blue,

       G   **F**
And there's nothing I can do."

| C* F G A | C* F G A ‖

to fade

Coda | Fmaj⁷ | Em⁷ | Aadd⁹ | Cadd⁹ | D⁷ ‖: E :‖

Stay (I Missed You)

Words & Music by Lisa Loeb

Gadd⁹ Em⁷ Am⁷ Gmaj⁷/B C

Cadd⁹ G Cmaj⁷ Cmadd⁹ C⁶

Capo sixth fret

Intro | Gadd⁹ | Em⁷ | Am⁷ Gmaj⁷/B | C Cadd⁹ ||

Verse 1

Gadd⁹ Em⁷   Am⁷ Gmaj⁷/B C Cadd⁹
  You say   I only hear what I want to,

Gadd⁹ Em⁷   Am⁷ Gmaj⁷/B C Cadd⁹
  You say   I talk so all the time so.__

Pre-chorus 1

Am⁷   G
  And I thought what I felt was simple,

Am⁷   G
  And I thought that I don't belong.

Am⁷   G
  And now that I am leaving,

Am⁷   G
  Now I know that I did something wrong.

Chorus 1

          Cmaj⁷
'Cause I missed you,

Cmadd⁹   Am⁷ | G | Am⁷ G ||
  Yeah,__ I missed you.

Verse 2

Gadd⁹   Em⁷
  And you say   I only hear what I want to,

Am⁷   Gmaj⁷/B
I don't listen hard, don't pay attention

          C   G
To the distance that you're running to anyone, anywhere.

          Am⁷   Gmaj⁷/B
I don't understand if you really care,

          C
I'm only hearing negative, no, no, no.__

Verse 3

          Am⁷   G   Am⁷
So I turn the radio on, I turn the radio up

                  G
And this woman was singing my song:

© Copyright 1994 Furious Rose Music, USA.
Universal/MCA Music Limited.
All rights in Germany administered by Universal/MCA Music Publ. GmbH.
All Rights Reserved. International Copyright Secured.

202

cont.

Am⁷   **G**
Lovers in love and the others run away,

Am⁷   **G**
Lover is crying 'cause the other won't stay.

Am⁷   **G**
  Some of us hover when we weep for the other,

    Am⁷   **G**
Who was dying since the day they were born.

    Am⁷ **G**   **Am⁷**
Well   this is not that I think that I'm throwing, but I'm thrown

G   **Am⁷**
  And I thought I'd live forever, but now I'm not so sure.

       C
You try to tell me that I'm clever but that won't take me anyhow,

Am⁷   **Gmaj⁷/B** **C**   **Cadd⁹**
  Or anywhere with you.

Am⁷   **G**
Pre-chorus 2   And you said that I was naïve

    Am⁷   **G**
And I thought that I was strong:

Am⁷   **G**
  I thought, hey I can leave, I can leave.

   Am⁷   **G**
Oh but now I know that I was wrong.

       C⁶
Chorus 2   'Cause I missed you,

Cmadd⁹   **Am⁷** | **G** | **Am⁷** **G** |
  Yeah,_____ I missed you.

        Am⁷
Verse 4   You said you caught me 'cause you want me

And one day I'll let you go.

      C
You try to give away a keeper, or keep me

                     Am⁷   **Gmaj⁷/B**   **C**   **Cadd⁹**
'Cause you know you're just so scared to lose.

         Gadd⁹
Coda   And you say, ___

Em⁷   **Am⁷** **Gmaj⁷/B** **C**   **Cadd⁹**
  "Stay"

Gadd⁹
  And you say

Em⁷   **Am⁷** **Gmaj⁷/B** **C** **Cadd⁹**
  I only hear what I want to.

Streets Of London

Words & Music by Ralph McTell

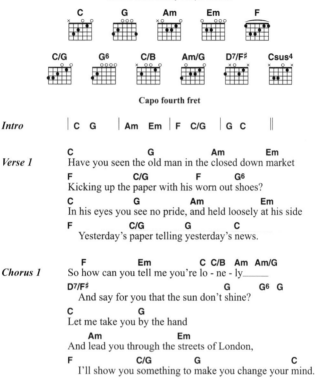

Capo fourth fret

Intro | C G | Am Em | F C/G | G C ||

Verse 1
C   G   Am   Em
Have you seen the old man in the closed down market
F   C/G   F   G⁶
Kicking up the paper with his worn out shoes?
C   G   Am   Em
In his eyes you see no pride, and held loosely at his side
F   C/G   G   C
   Yesterday's paper telling yesterday's news.

Chorus 1
F   Em   C C/B Am Am/G
So how can you tell me you're lo - ne - ly____
D7/F♯   G   G⁶ G
  And say for you that the sun don't shine?
C   G
Let me take you by the hand
       Am   Em
And lead you through the streets of London,
F   C/G   G   C
  I'll show you something to make you change your mind.

Link 1 | C G | Am G ||

Verse 2

C   G   Am   Em
Have you seen the old girl who walks the streets of London?

F   C/G   F   G6
Dirt in her hair and her clothes in rags,

C   G   Am   Em
She's no time for talking, she just keeps right on walking,

F   C/G   G   C
Carrying her home in two carrier bags.

Chorus 2   As Chorus 1

Link 2 | C G | Am Em | F C/G | G C ||

Verse 3

C   G   Am   Em
In the all-night café at a quarter past eleven,

F   C/G   F   G6
Same old man, sitting there on his own;

C   G   Am   Em
Looking at the world over the rim of his tea-cup,

F   C/G   G   C
Each tea lasts an hour, and he wanders home alone.

Chorus 3   As Chorus 1

Link 3 | C G | Am G ||

Verse 4

C   G   Am   Em
Have you seen the old man outside the Seamen's Mission,

F   C/G   F   G
Memory fading with the medal ribbons that he wears?

C   G   Am   Em
In our winter city, the rain cries a little pity

    C   C/G   G   C
For one more forgotten hero and a world that doesn't care.

Chorus 4

    F   Em   C C/B   Am Am/G
So how can you tell me you're lo - nely_____

D7/F#   G   G6 G
  And say for you that the sun don't shine?

C   G   Am   Em
Let me take you by the hand and lead you through the streets of London

F   C/G   G   Csus4   C
  I'll show you something to make you change your mind.

Streets Of Your Town

Words & Music by Robert Forster & Grant McLennan

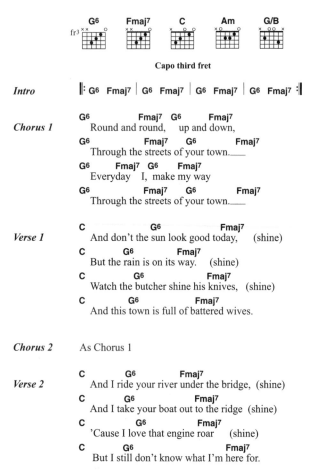

Capo third fret

Intro ‖: G6 Fmaj7 │ G6 Fmaj7 │ G6 Fmaj7 │ G6 Fmaj7 :‖

Chorus 1

G6   Fmaj7 G6   Fmaj7
Round and round,   up and down,

G6   Fmaj7   G6   Fmaj7
Through the streets of your town.___

G6   Fmaj7 G6   Fmaj7
Everyday   I, make my way

G6   Fmaj7   G6   Fmaj7
Through the streets of your town.___

Verse 1

C   G6   Fmaj7
And don't the sun look good today,   (shine)

C   G6   Fmaj7
But the rain is on its way.   (shine)

C   G6   Fmaj7
Watch the butcher shine his knives, (shine)

C   G6   Fmaj7
And this town is full of battered wives.

Chorus 2 As Chorus 1

Verse 2

C   G6   Fmaj7
And I ride your river under the bridge, (shine)

C   G6   Fmaj7
And I take your boat out to the ridge (shine)

C   G6   Fmaj7
'Cause I love that engine roar   (shine)

C   G6   Fmaj7
But I still don't know what I'm here for.

Chorus 3

G⁶   Fmaj⁷ G⁶   Fmaj⁷
Round and round,   up and down,

G⁶   Fmaj⁷   G⁶   Fmaj⁷
Through the streets of your town.___

G⁶   Fmaj⁷ G⁶   Fmaj⁷
Everyday I, make my way

G⁶   Fmaj⁷   G⁶   Fmaj⁷
Through the streets of your town.___

Bridge

Fmaj⁷ Am
They shut it down,

Fmaj⁷ Am
They closed it down,

Fmaj⁷ Am
They shut it down,

Fmaj⁷ Am
They pulled it down.

Guitar solo   ‖: C | G/B | Fmaj⁷ | Fmaj⁷   :‖ *Play 4 times*

Chorus 4

   G⁶   Fmaj⁷ G⁶   Fmaj⁷
‖: Round and round,   up and down,

G⁶   Fmaj⁷ G⁶   Fmaj⁷
Through the streets of your town.___

G⁶   Fmaj⁷ G⁶   Fmaj⁷
Everyday I make my way

G⁶   Fmaj⁷   G⁶   Fmaj⁷
Through the streets of your town.___ :‖ *Repeat to fade*

Summer Breeze

Words & Music by James Seals & Darrell Crofts

Em   Am⁷   E   G   D   A

Bm⁷   F/G   C/G   C/D   D/E   A/B

Intro
| Em Am⁷ | Em Am⁷ | Em Am⁷ | Em Am⁷ |

| Em Am⁷ | Em Am⁷ | Em Am⁷ ‖

Verse 1

E   G
See the curtains hanging in the window
D   A   E Am⁷
In the evening on a Friday night_____
E   G
A little light a - shining through the window
D   A   E
Lets me know every - thing's al - right.

Chorus 1

Am⁷   Bm⁷
Summer breeze makes me feel fine
Am⁷   G   F/G C/G G
Blowing through the jasmine in my mind
Am⁷   Bm⁷
Summer breeze makes me feel fine
Am⁷   G   F/G C/G G
Blowing through the jasmine in my mind.

Link 1
| Em Am⁷ | Em Am⁷ | Em Am⁷ | Em Am⁷ ‖

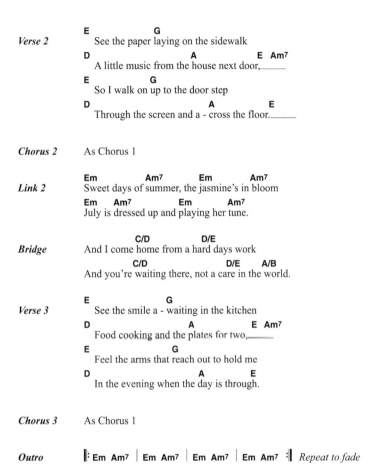

	E **G**
Verse 2	See the paper laying on the sidewalk

E   **G**
Verse 2   See the paper laying on the sidewalk

D   **A**   **E Am7**
A little music from the house next door,_____

E   **G**
So I walk on up to the door step

D   **A**   **E**
Through the screen and a - cross the floor._____

Chorus 2   As Chorus 1

Em   **Am7**   **Em**   **Am7**
Link 2   Sweet days of summer, the jasmine's in bloom

Em **Am7**   **Em**   **Am7**
July is dressed up and playing her tune.

           C/D   **D/E**
Bridge   And I come home from a hard days work

              C/D   **D/E**   **A/B**
And you're waiting there, not a care in the world.

E   **G**
Verse 3   See the smile a - waiting in the kitchen

D   **A**   **E Am7**
Food cooking and the plates for two,_____

E   **G**
Feel the arms that reach out to hold me

D   **A**   **E**
In the evening when the day is through.

Chorus 3   As Chorus 1

Outro   ‖: **Em Am7** | **Em Am7** | **Em Am7** | **Em Am7** :‖ *Repeat to fade*

Suspicious Minds

Words & Music by Francis Zambon

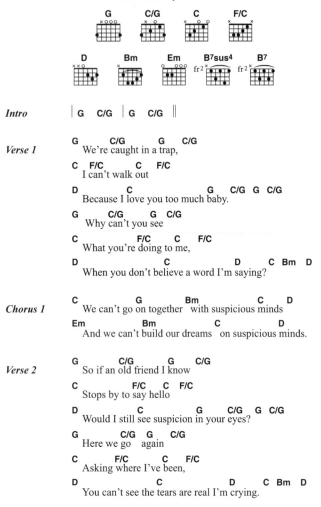

Intro

| G   C/G | G   C/G ‖

Verse 1

G   C/G   G   C/G
We're caught in a trap,

C   F/C   C   F/C
I can't walk out

D   C   G   C/G G C/G
Because I love you too much baby.

G   C/G   G   C/G
 Why can't you see

C   F/C   C   F/C
What you're doing to me,

D   C   D   C Bm D
When you don't believe a word I'm saying?

Chorus 1

C   G   Bm   C   D
We can't go on together   with suspicious minds

Em   Bm   C   D
And we can't build our dreams   on suspicious minds.

Verse 2

G   C/G   G   C/G
So if an old friend I know

C   F/C   C   F/C
Stops by to say hello

D   C   G   C/G G C/G
Would I still see suspicion in your eyes?

G   C/G   G   C/G
Here we go   again

C   F/C   C   F/C
Asking where I've been,

D   C   D   C Bm D
You can't see the tears are real I'm crying.

Chorus 2

| C | | G | | Bm | | | C | | D |
We can't go on together   with suspicious minds

| Em | | Bm | | C | | B7sus4 | B7 |
And we can't build our dreams   on suspicious minds.

Bridge

| Em | | Bm | | C | | D |
Oh let our love survive,   I'll dry the tears from your eyes

| Em | | Bm |
Let's don't let a good thing die

| C | | D | | G | | C |
When honey, you know I've never   lied to you, hmmm-mmm,

| G | | D |
Yeah, yeah.

Verse 3

| G | | C/G | | G | C/G |
We're caught in a trap,

| C | F/C | | C | F/C |
I can't walk out

| D | | C | | G | C/G | G | C/G |
Because I love you too much baby.

| G | | C/G | | G | C/G |
Why can't you see

| C | | F/C | | C | F/C |
What you're doing to me,

| D | | C | | G | C/G | G | C/G |
When you don't believe a word I'm saying.

Ah don't you know...

Verse 4   ‖: As Verse 3 :‖ *Repeat to fade*

Take It Easy

Words & Music by Jackson Browne & Glenn Frey

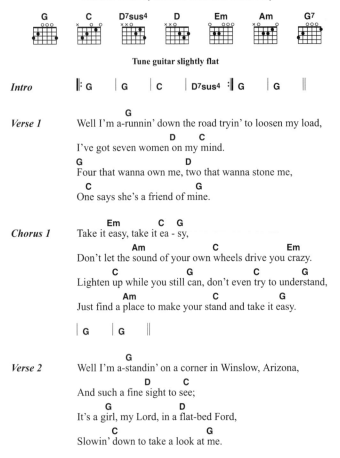

Tune guitar slightly flat

Intro ‖: G | G | C | D7sus4 :‖ G | G ‖

Verse 1
             G
Well I'm a-runnin' down the road tryin' to loosen my load,
               D   C
I've got seven women on my mind.
G   D
Four that wanna own me, two that wanna stone me,
  C   G
One says she's a friend of mine.

Chorus 1
       Em   C G
Take it easy, take it ea - sy,
          Am   C   Em
Don't let the sound of your own wheels drive you crazy.
        C   G   C   G
Lighten up while you still can, don't even try to understand,
        Am   C
Just find a place to make your stand and take it easy.

| G | G ‖

Verse 2
             G
Well I'm a-standin' on a corner in Winslow, Arizona,
           D   C
And such a fine sight to see;
       G   D
It's a girl, my Lord, in a flat-bed Ford,
       C   G
Slowin' down to take a look at me.

Chorus 2

        Em **D**   **C**   **G**
Come on, baby,   don't say may - be,

       Am   **C**   **Em**
I gotta know if your sweet love is gonna save me.

     C   **G**   **C**   **G**
We may lose and we may win, though we will never be here again,

     Am   **C**
So open up, I'm climbin' in,

      G
So take it easy.

Instrumental
| **G** | **G** | **G** **D** | **C** | **G** | **D** | **C** | **G** | |
| **Em** | **D** | **C** | **G** | **Am** | **C** | **Em** | **Em** **D** ‖

Verse 3

       G
Well, I'm a-runnin' down the road, tryin' to loosen my load,

          D   **Am**
Got a world of trouble on my mind.

  G   **D**
Lookin' for a lover who won't blow my cover,

    C   **G**
She's so hard to find.

Chorus 3

     Em   **C** **G**
Take it easy, take it ea - sy,

       Am   **C**   **Em**
Don't let the sound of your own wheels make you crazy.

     C **G**   **C** **G**
Come on, ba - by, don't say may - be,

     Am   **C**
I gotta know if your sweet love

      G
Is gonna save me.

Outro
‖: **C** | **C** | **G** | **G7** :‖ *Play 4 times*
With vocal ad lib.

| **C** | **C** | **Em** ‖

Talihina Sky

Words & Music by Caleb Followill, Nathan Followill & Angelo Petraglia

Dsus2   Bm   Dmaj7   Bm7   G   A   Asus4

Intro

| Dsus2 | Dsus2 | Bm | Bm |

| Dsus2 | Dsus2 | Bm | Bm ‖

Verse 1

Dmaj7   Bm7
Weeds blow tall on a bro - ken train track,

Dmaj7   Bm7
Ruby drawls we're fixin' to get high.

Dmaj7   Bm7
    Maybe we'll hit the bluffs and find ourselves the same old rum.

Bridge 1

G
    But everybody says this place is beautiful,

A
    And you'd be so crazy to say goodbye,

G
    But everything's the same, this town is pitiful

A   N.C. | Dsus2 | Dsus2 | Bm | Bm |
    And I'll be gettin' out as soon as I can fly.

Chorus 1

Dmaj7   Bm7
Life goes by   under a Talihina sky.

Verse 2

Dmaj7   Bm7
The hopped up boys are lookin' for their trouble,

Dmaj7   Bm7
The knocked up girls, well they've all got their share.

Dmaj7   Bm7
    Ruby seems out of her mind, swears she won't give in this time, yeah…

Bridge 2

G
But everybody says this place is beautiful,

A
And you'd be so crazy to say goodbye,

G
But everything's the same, this town is pitiful

A   **N.C.** | **Dsus²** | **Dsus²** | **Bm** | **Bm** |
And I'll be gettin' out as soon as I can fly.

Chorus 2

Dmaj⁷   Bm⁷
Life goes by   under a Talihina sky,

Dmaj⁷   Bm⁷
Life goes by   under a Talihina sky, here I go boys…

Instrumental | Asus⁴ | Asus⁴ | Bm⁷ | Bm⁷ |

  | Asus⁴ | Asus⁴ | Bm⁷ | Bm⁷ ‖

Bridge 3

G
But everybody says this place is beautiful,

A
And you'd be so crazy to say goodbye,

G
But everything's the same, this town is pitiful

A   N.C. | Dsus² | Dsus² | Bm | Dm |
And I'll be gettin' out as soon as I can fly.

Chorus 3

Dmaj⁷   Bm⁷
Life goes by   under a Talihina sky,

Dmaj⁷   Bm⁷
Life goes by   under a Talihina sky, ah…

Outro | Asus⁴ | Asus⁴ | Bm⁷ | Bm⁷ |

  | Asus⁴ | Asus⁴ | Bm⁷ | Bm⁷ ‖

Thank You

Words & Music by Dido Armstrong & Paul Herman

Em   C   D   G   G/F♯   G/B   C/D   Am

Capo fourth fret

Intro   ‖: Em   │ C   │ Em   │ C   :‖ *Play 4 times*

Verse 1
　　　　　Em　　　　　　C
　　My tea's gone cold
　　　　　　　　　　D　　　　G　　G/F♯　Em
I'm wondering why I got out of bed at all,
　　　　　　　　　　C　　　　　　　　　D
The morning rain clouds up my window,
　　　　　G　　G/F♯　Em
And I can't see at all.
　　　　　　　　C　　　　　　　　D
And even if I could it'd all be grey
　　　　　G　　G/F♯　Em
But your picture on my wall
　　　　　C　　　　　　　Em
It re - minds me that it's not so bad,
　　　　　C　　　│ Em　│ C　　│ Em　│ C　　│
It's not so bad.

Verse 2
　　　　　Em　　　　　　C
　　I drank too much last night,
　　　　　　D　　　　　　　　G　　　　G/F♯　Em
Got bills to pay, my head just feels in pain.
　　　　　　　　　　C　　　　　　　　D
I missed the bus and they'll be hell today,
　　　　　G　　G/F♯　Em
I'm late for work a - gain.
　　　　　　　　　C　　　　　　　　D
And even if I'm there, they'll all imply

cont.

```
        G          G/F♯   Em
```
That I might not last the day,
```
                  C
```
And then you'll call me
```
            Em
```
And it's not so bad,
```
     C
```
It's not so bad.

Chorus 1
```
        G  G/B    C
```
And I   want to thank you
```
        C/D            G      G/B  C   C/D
```
For giving me the best day of my life,
```
        G  G/B   C
```
And oh, just to be with you
```
        C/D        G/B           Am
```
Is having the best day of my life.

Interlude | G G/B | C C/D | G G/B | C C/D |

            | G G/B | C | G/B | Am   ‖

Verse 3
```
G                       G/B    C
```
  Push the door, I'm home at last
```
              C/D           G
```
And I'm soaking through and through.
```
              G/B  C
```
Then you handed me a towel,
```
        C/D  G
```
And all I see is you.
```
              G/B          C
```
And even if my house falls down now
```
              C/D     G/B
```
I wouldn't have a clue
```
              Am
```
Because you're near me.

Chorus 2   As Chorus 1

Chorus 3   As Chorus 1

There Is A Light That Never Goes Out

Words by Morrissey
Music by Johnny Marr

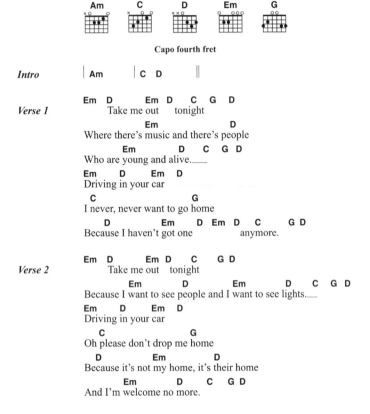

Capo fourth fret

Intro ‖ Am   │ C   D   ‖

Verse 1

Em   D   Em D   C   G   D
   Take me out   tonight

          Em   D
Where there's music and there's people

          Em   D   C   G D
Who are young and alive.___

Em   D   Em   D
Driving in your car

  C   G
I never, never want to go home

      D   Em   D Em D C   G D
Because I haven't got one   anymore.

Verse 2

Em   D   Em D   C   G D
   Take me out   tonight

          Em   D   Em   D   C   G D
Because I want to see people and I want to see lights.___

Em   D   Em   D
Driving in your car

   C   G
Oh please don't drop me home

    D   Em   D
Because it's not my home, it's their home

          Em   D   C   G D
And I'm welcome no more.

Chorus 1

Am C   D   G   Em C
      And if a double-decker bus   crashes into us

D   G   C   Am
    To die by your side is such a heavenly way to die.

          G   Em   C
And if a ten-ton truck,   kills the both of us

D   G   C   Am
    To die by your side; well the pleasure, the privilege is mine.

Verse 3

Em D   Em D   C   G
    Take me out   tonight

D   Em   D
Take me anywhere, I don't care,

       Em   D   C G D
I don't care, I don't care.

         Em   D   Em   D
And in the darkened underpass I thought

       C   G   D
"Oh God, my chance has come at last,"___

         Em   D
But then a strange fear gripped me

      Em   D   C G D
And I just couldn't ask.

Verse 4

Em D   Em D   C
    Take me out   tonight,

G   D   Em   D
    Oh take me anywhere, I don't care,

      Em   D   C G D
I don't care, I don't care.___

Em   D   Em   D
Driving in your car

 C   G
I never, never want to go home

      D   Em   D   Em
Because I haven't got one, oh-del dum,

D   C   G D
Oh I haven't got one.

Chorus 2   As Chorus 1

Coda

       Em   D   Em   D
‖: Oh, there is a light and it never goes out,

C   G   D
There is a light and it never goes out. :‖ *Play 4 times*

‖: Em D | Em D | C | G   D :‖ *Repeat to fade*

There She Goes

Words & Music by Lee Mavers

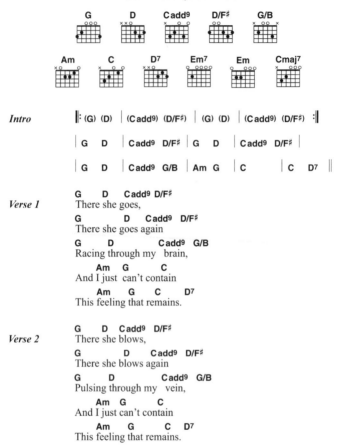

Intro

‖: (G) (D) | (Cadd9) (D/F#) | (G) (D) | (Cadd9) (D/F#) :‖

| G D | Cadd9 D/F# | G D | Cadd9 D/F# |

| G D | Cadd9 G/B | Am G | C | C D7 ‖

Verse 1

G   D   Cadd9 D/F#
There she goes,

G   D   Cadd9 D/F#
There she goes again

G   D   Cadd9 G/B
Racing through my   brain,

        Am   G   C
And I just can't contain

        Am   G   C   D7
This feeling that remains.

Verse 2

G   D   Cadd9 D/F#
There she blows,

G   D   Cadd9 D/F#
There she blows again

G   D   Cadd9 G/B
Pulsing through my   vein,

        Am   G   C
And I just can't contain

        Am   G   C   D7
This feeling that remains.

Link

| G   D | Cadd9 D/F♯ | G   D | Cadd9 D/F♯ | G   D |

| Cadd9 G/B | Am G | C | Am G | C | C   D7 ||

Bridge

Em7   C
There she goes,

Em7   C
There she goes again:

    D   D7 G
She calls my name,

    D   D7 Cmaj7
Pulls my train,

D   D7 G   D   D7   Cmaj7
No-one else could heal my pain.

    Am   Em
But I just can't contain

    C   D7
This feeling that remains.

Verse 3

G   D   Cadd9 D/F♯
There she goes,

G   D   Cadd9 D/F♯
There she goes again

G   D   Cadd9 G/B
Chasing down my lane

    Am G   C
And I just can't contain

    Am   G   C   D7
This feeling that remains.

Coda

G   D   Cadd9 D/F♯
There she goes,

G   D   Cadd9 D/F♯
There she goes,

G   D   C   D/F♯ G
There she goes a - gain.

These Boots Are Made For Walking

Words & Music by Lee Hazlewood

E   A   G

| *Intro* | |E |E |E |E |E |E |E |E ‖ |

Verse 1

    E
You keep saying you've got something for me.

Something you call love, but confess.
    A
You've been messin' where you shouldn't have been a messin'
       E
And now someone else is gettin' all your best.

Chorus 1

      G   E   G   E
These boots are made for walking, and that's just what they'll do
G   E   N.C.
One of these days these boots are gonna walk all over (you).

Link 1

| |E | |E |E |E |E |E |E |E | |
you.   Yeah!

Verse 2

    E
You keep lying, when you oughta be truthin'

And you keep losin' when you oughta not bet.
    A
You keep samin' when you oughta be a-changin'.
       E
Now what's right is right, but you ain't been right yet.

Chorus 2

        G   E   G   E
These boots are made for walking, and that's just what they'll do
G   E   N.C.
One of these days these boots are gonna walk all over (you).

Link 2

| E | E | E | E | E | E | E | E | |
you.

Verse 3

E
You keep playin' where you shouldn't be playin'

And you keep thinkin' that you'll never get burnt, ha!
A
I just found me a brand new box of matches,
E
And what he knows you ain't had time to learn.

Chorus 3

        G   E   G   E
These boots are made for walking, and that's just what they'll do
G   E   N.C.
One of these days these boots are gonna walk all over (you).

Link 3

| E | E | E | E | |
you.
E
   Are you ready boots? Start walkin'!

Outro

‖: E | E | E | E :‖   *Repeat to fade*

This Charming Man

Words & Music by Morrissey & Johnny Marr

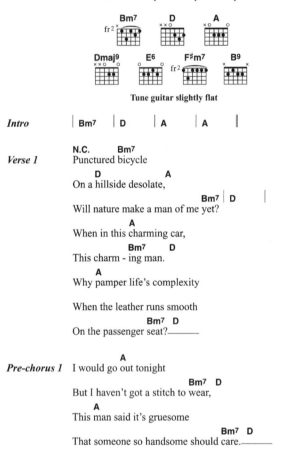

Tune guitar slightly flat

Intro | Bm⁷ | D | A | A   ‖

Verse 1

    N.C.   **Bm⁷**
Punctured bicycle

    D   **A**
On a hillside desolate,

                       Bm⁷ | **D**
Will nature make a man of me yet?

          A
When in this charming car,

    Bm⁷   **D**
This charm - ing man.

    A
Why pamper life's complexity

When the leather runs smooth

           Bm⁷ **D**
On the passenger seat?_____

Pre-chorus 1

       A
I would go out tonight

               Bm⁷ **D**
But I haven't got a stitch to wear,

    A
This man said it's gruesome

                 Bm⁷ **D**
That someone so handsome should care._____

Chorus 1

Dmaj9 E6   **|F♯m7**
Ah!   A jumped-up pantry boy

B9   **Dmaj9**
Who never knew his place,

B9   **F♯m7**
He said, "Re - turn the ring".

Dmaj9   **E6**   **F♯m7**   **B9**
He knows so much a - bout these things,

Dmaj9   **E6**   **F♯m7**
He knows so much a - bout these things.

Pre-chorus 2

N.C.   **A**
I would go out tonight

                     Bm7 **D**
But I haven't got a stitch to wear,

      A
This man said it's gruesome

                     |Bm7 **D**
That someone so handsome should care__

     A   **Bm7** **D**
La, la-la, la-la, la-la, this charm - ing man__

     A   **Bm7** **D**
Oh, la-la, la-la, la-la, this charm - ing man__

Chorus 2

Dmaj9 E6   **F♯m7**
Ah!   A jumped-up pantry boy

B9   **Dmaj9**
Who never knew his place,

B9   **F♯m7**
He said, "Re - turn the ring".

Dmaj9   **E6**   **F♯m7**   **B9**
He knows so much about these things,

Dmaj9   **E6**   **F♯m7**
He knows so much a - bout these things.

Dmaj9 **E6**   **F♯m7 B9**   **Dmaj9** **B9** **F♯m7**
He knows so much a - bout   these things._____

Outro | **Dmaj9** | **E6** | **F♯m7** | **B9** | **Dmaj9** **B9** | **F♯m7** | **F♯m7** ‖

Time After Time

Words & Music by Cyndi Lauper & Robert Hyman

Intro ‖: F │ G │ Em │ F :‖

Verse 1

Dm/C C   Dm/C C   Dm/C C   Dm/C   C
Lying in my bed,   I hear the clock tick and think of you.

Dm/C C   Dm/C   C   Dm/C C   Dm/C   C
Caught up in circ - les, confu - sion is nothing new.

F   G   Em   F   G   Em
Flash back, warm nights, almost left behind.

F   G   Em   F
Suitcase of memories,

       G
Time after…

Verse 2

Dm/C C   Dm/C C   Dm/C C   Dm/C   C
Some - times you picture me, I'm walk - ing too far ahead.

Dm/C C   Dm/C   C   Dm/C   C   Dm/C   C
You're calling to   me, I can't   hear what you've said.

       F   G   Em   F   G   Em
Then you say, "Go   slow," - I fall behind.

F   G   Em   F
   The second hand unwinds.

Chorus 1

          G   Am7
‖: If you're lost, you can look and you will find me

Fadd9 G   C
   Time after time.

       G   Am7
If you fall I will catch you, I'll be waiting

Fadd9 G   C
   Time after time. :‖

Link ‖: F │ G │ Em │ F :‖

Verse 3

Dm/C	C		Dm/C	C		Dm/C	C		Dm/C	C

Dm/C C   Dm/C C   Dm/C C   Dm/C   C
Af - ter my picture fades and dark - ness has turned to grey,

Dm/C C   Dm/C C   Dm/C C   Dm/C   C
Watch - ing through win - dows, you're wondering if I'm ok - ay.

F G Em F   G   Em
Secrets stol - en from deep inside,

F   G   Em   F
    The drum beats out of time.

Chorus 2   As Chorus 1 (no repeat)

Instrumental   ‖: G | Am7 | Fadd9 G | C   :‖

Verse 4

F   G   Em F   G   Em
You say, "Go   slow," - I fall behind.

F   G   Em   F
    The second hand unwinds.

Chorus 3   As Chorus 1 (with repeat)

Coda

        Fadd9   G   C
‖:   Time after time. :‖   *Repeat to fade*

Time In A Bottle

Words & Music by Jim Croce

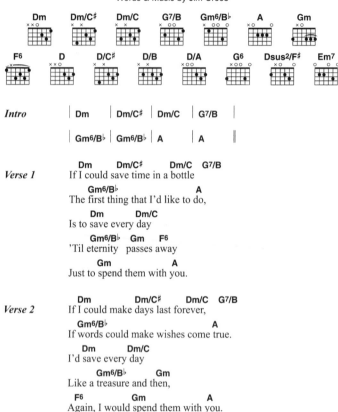

Intro

| Dm | Dm/C♯ | Dm/C | G7/B |

| Gm6/B♭ | Gm6/B♭ | A | A |

Verse 1

    Dm   Dm/C♯   Dm/C G7/B
If I could save time in a bottle

      Gm6/B♭   A
The first thing that I'd like to do,

    Dm   Dm/C
Is to save every day

      Gm6/B♭ Gm   F6
'Til eternity   passes away

      Gm   A
Just to spend them with you.

Verse 2

    Dm   Dm/C♯   Dm/C G7/B
If I could make days last forever,

    Gm6/B♭   A
If words could make wishes come true.

     Dm   Dm/C
I'd save every day

      Gm6/B♭   Gm
Like a treasure and then,

   F6   Gm   A
Again, I would spend them with you.

Chorus 1

        D   **D/C♯**
But there never seems to be enough time

  D/B   **D/A**
To do the things you want to do,

      G6 | **Dsus2/F♯** | **Em7** |
Once you find them.

  A   **D**   **D/C♯**
  I've looked around enough to know

    D/B   **D/A**
That you're the one I want to go

       G6 | **Dsus2/F♯** | **Em7** | **A**   ‖
Through time with.

Instrumental | **Dm** | **Dm/C♯** | **Dm/C** | **G7/B** |

            | **Gm6/B♭** | **Gm6/B♭** | **A** | **A**   ‖

Verse 3

      Dm   **Dm/C♯**   **Dm/C** **G7/B**
If I had a box just for wishes

      Gm6/B♭   **A**
And dreams that had never come true.

    Dm   **Dm/C**
The box would be empty

    Gm6/B♭   **Gm**
Except for the memory

    F6   **Gm**   **A**
Of how they were answered by you.

Chorus 2   As Chorus 1

Outro   ‖: **Dm** | **Dm** | **Dm**   :‖ **Dm**   ‖

Try A Little Tenderness

Words & Music by Harry Woods, Jimmy Campbell & Reg Connelly

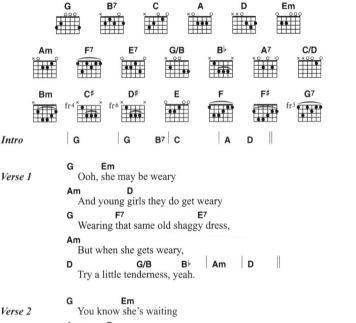

Intro | G | G   B7 | C | A   D ||

Verse 1
    G   **Em**
    Ooh, she may be weary

    Am   **D**
    And young girls they do get weary

    G   **F7**   **E7**
    Wearing that same old shaggy dress,

    Am
    But when she gets weary,

    D   **G/B**   **B♭** | **Am** | **D** ||
    Try a little tenderness, yeah.

Verse 2
    G   **Em**
    You know she's waiting

    Am   **D**
    Just anticipating

    G   **F7**   **E7**
    The thing that she'll never, never, never, never, possess, yeah, yeah,

    Am
    But while she's there waiting

    D   **G**
    And without them, try a little tenderness,

    C   **G**
    That's all you gotta do.

Bridge

C   B7
It's not just sentimental, no, no, no,

Em   A7
She has her griefs and care,

C   B7
But the soft words they are spoke so gentle, yeah,

A7   C/D   D
It makes it easier,   easier to bear.

Verse 3

G   Em
You won't regret it, no, no,

Am   D
Young girls they don't forget it,

G   F7   E7
Love is their whole happiness, yeah, yeah, yeah,

Am
But it's all so easy

D
All you gotta do is try,

       G/B
Try a little tenderness, yeah.

       E7
Oh, you gotta do it now,

Hold her where you wanna.

Outro

𝄆 Am   Bm   C
    Squeeze her, don't tease her,

  C#   D   D#
Never leave her, make love to her,

     E   F   F# G7
Just, just, just try a little tenderness, yeah, yeah, yeah,

F7   E7
   You've gotta know how to love her, man. 𝄇 *Repeat to fade*
with vocal ad lib.

231

Unintended

Words & Music by Matthew Bellamy

E　　B7　　Am　　D　　G5　　C　　Em

E/G#　　Am/C　　D/F#　　G/B　　Am/G　　Am/F#　　Fmaj11　　Esus4

Intro　　| E　　| E　　| B7　　| B7　　||

Verse 1

E　　　　　　　Am
You could be my unintended

D　　　　　　　　G5
Choice to live my life extended,

C　　　　　　B7　　　　　E
You could be the one I'll always love.

Verse 2

E　　　　　　　Am
You could be the one who listens

D　　　　　　　G5
To my deepest inquisitions,

C　　　　　　B7　　　　　E
You could be the one I'll always love.

Chorus 1

　　　　　　　　Am
I'll be there as soon as I can,

D　　　　　　　G5
But I'm busy mending

　　　　　C　　　　　　B7　　　　　E
Broken pieces of the life I had before.

Verse 3

E　　　　　　　　　Am
First there was the one who challenged

D　　　　　　　　　G5
All my dreams and all my balance,

C　　　　　　B7　　　　　E
She could never be as good as you.

Verse 4

E   **Am**
You could be my unintended

D   **G5**
Choice to live my life extended,

C   **B7**   **E** **Em** **B7**
You should be the one I'll always love.

Chorus 2

E   **Am**
I'll be there as soon as I can,

D   **G5**
But I'm busy mending

   C   **B7**   **E**
Broken pieces of the life I had before.

Chorus 3

E   **E/G♯** **Am** **Am/C**
I'll be there__ as soon as I can,

D   **D/F♯** **G**
But I'm busy mending

 G/B **C**   **B7**   **E**
Broken pieces of the life I had before.

Coda

     Am | **Am/G** | **Am/F♯** | **Fmaj11** |
Before you.__

| **Esus4** | **Esus4** | **E** | **E**   ‖

Vincent

Words & Music by Don McLean

[Chord diagrams: G, C/G, Am, Asus2, Cmaj7, D7]

[Chord diagrams: Am7, G/F#, Em, A7, Cm (fr3), Fmaj7#11, E7]

Verse 1

N.C.   G C/G G   Am   Asus2
Starry, starry night,   paint your palette blue and grey,

Am   Cmaj7
  Look out on a summer's day,

D7   G
With eyes that know the darkness in my soul.

C/G   G   C/G
  Shadows on the hills,

G   Am   Asus2
  Sketch the trees and the daffodils,

Am   Cmaj7
  Catch the breeze and the winter chills,

D7   G   C/G
  In colours on the snowy linen land.

Chorus 1

G   Am7
  Now I understand

D7   G   G/F#
  What you tried to say to me,___

Em   Am7
  How you suffered for your sanity

D7   Em
  How you tried to set them free.

                    A7   Am7
They would not listen, they did not know how,

D7   G
  Perhaps they'll listen now.

Verse 2

N.C.   G C/G G   Am   Asus2
Starry, starry night,   flaming flowers that brightly blaze,

Am   Cmaj7
  Swirling clouds in violet haze,

D7   G
  Reflect in Vincent's eyes of china blue.

cont.

C/G   G   C/G
    Colours changing hue,

G   Am   Asus2
    Morning fields of amber grain,

Am   Cmaj7
    Weathered faces lined in pain,

  D7   G
Are soothed beneath the artist's loving hand.

Chorus 2   As Chorus 1

Middle

               Am7   D7   G   G/F♯
For they could not love you,   still your love was true;

Em   Am   Cm
    And when no hope was left in sight on that starry, starry night

    G   Fmaj7♯11   E7
You took your life as lovers often do;

      Asus2
But I could have told you Vincent

Cmaj7   D7   G
    This world was never meant for one as beautiful as you.

Verse 3

N.C.   G   C/G G   Am   Asus2
Starry, starry night,   portraits hung in empty halls,

Am   Cmaj7
    Frameless heads on nameless walls,

D7   G
    With eyes that watch the world and can't forget.

                           C/G
I like the strangers that you've met,

G   Am   Asus2
    The ragged men in ragged clothes,

Am   Cmaj7
    The silver thorn of bloody rose,

  D7   G
Lie crushed and broken on the virgin snow.

Chorus 3

             Am7   D7
Now I think I know___

           G   G/F♯
What you tried to say to me,

Em   Am7
    And how you suffered for your sanity,

D7   Em
    How you tried to set them free.

                       A7   Am7
They would not listen, they're not listening still,

D7   G   C/G   G
Perhaps they never will.

Waterloo Sunset

Words & Music by Ray Davies

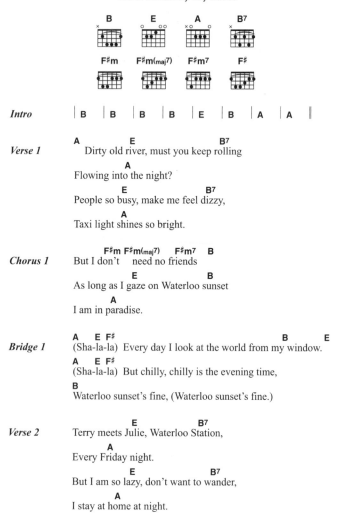

Intro | B | B | B | B | E | B | A | A |

Verse 1
<blank>A   E   B7
Dirty old river, must you keep rolling
<blank>A
Flowing into the night?
<blank>E   B7
People so busy, make me feel dizzy,
<blank>A
Taxi light shines so bright.

Chorus 1
<blank>F♯m F♯m(maj7)   F♯m7   B
But I don't   need no friends
<blank>E   B
As long as I gaze on Waterloo sunset
<blank>A
I am in paradise.

Bridge 1
<blank>A   E F♯   B   E
(Sha-la-la) Every day I look at the world from my window.
<blank>A   E F♯
(Sha-la-la) But chilly, chilly is the evening time,
<blank>B
Waterloo sunset's fine, (Waterloo sunset's fine.)

Verse 2
<blank>E   B7
Terry meets Julie, Waterloo Station,
<blank>A
Every Friday night.
<blank>E   B7
But I am so lazy, don't want to wander,
<blank>A
I stay at home at night.

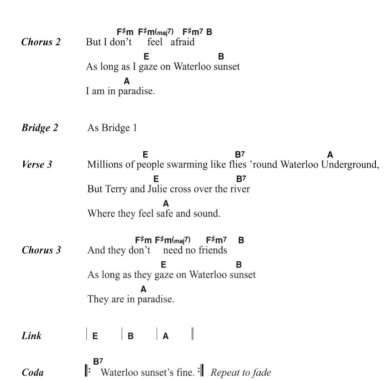

Chorus 2

     F♯m F♯m(maj7)   F♯m7 B
But I don't   feel   afraid

              E   **B**
As long as I gaze on Waterloo sunset

    A
I am in paradise.

Bridge 2   As Bridge 1

Verse 3

            E   **B7**   **A**
Millions of people swarming like flies 'round Waterloo Underground,

            E   **B7**
But Terry and Julie cross over the river

           A
Where they feel safe and sound.

Chorus 3

          F♯m F♯m(maj7)   F♯m7   B
And they don't   need no friends

            E   **B**
As long as they gaze on Waterloo sunset

    A
They are in paradise.

Link   ‖ **E** | **B** | **A**   ‖

Coda

     B7
‖: Waterloo sunset's fine. :‖ *Repeat to fade*

What A Wonderful World

Words & Music by George Weiss & Bob Thiele

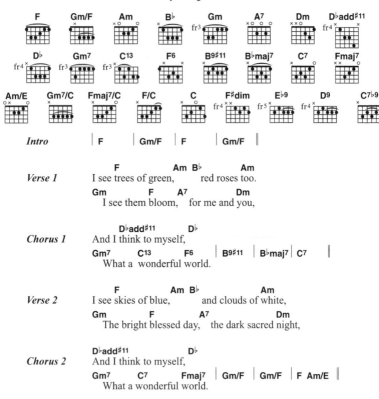

Intro | F | Gm/F | F | Gm/F ‖

Verse 1
     F   Am B♭ Am
I see trees of green, red roses too.
  Gm   F   A7   Dm
 I see them bloom, for me and you,

Chorus 1
      D♭add#11   D♭
And I think to myself,
  Gm7   C13   F6 | B9#11 | B♭maj7 | C7 ‖
  What a wonderful world.

Verse 2
     F   Am B♭   Am
I see skies of blue,   and clouds of white,
  Gm   F   A7   Dm
  The bright blessed day, the dark sacred night,

Chorus 2
    D♭add#11   D♭
And I think to myself,
  Gm7   C7   Fmaj7 | Gm/F | Gm/F | F Am/E ‖
  What a wonderful world.

Bridge

     Gm7/C   **C7**   **Fmaj7/C**   **F/C**
The colours of the rainbow,   so pretty in the sky,

     Gm7/C   **C7**   **F**
Are also on the faces   of people goin' by,

    Dm   **Am/E**   **F**   **C**
I see friends shaking hands, saying, "How do you do?"

Dm   **F♯dim**   **Gm**   **C7**
  They're really saying, "I love you."

Verse 3

     F   **Am B♭**   **Am**
I hear babies cry,   I watch them grow,

Gm   **F**   **A7**   **Dm**
  They'll learn much more,   than I'll ever know,

Chorus 3

     D♭add♯11   **D♭**
And I think to myself,

Gm7   **C13**   **F** | **E♭9** | **D9** | **D9**   ‖
  What a wonderful world

     Gm7   **C7♭9**
Yes I think to myself,

             F
What a wonderful world.

When You Say Nothing At All

Words & Music by Don Schlitz & Paul Overstreet

Capo first fret

Intro
‖: Dsus² Asus⁴ | G   Asus⁴ :‖

Verse 1

Dsus²   Asus⁴   G   Asus⁴   Dsus² Asus⁴ G Asus⁴
It's a - mazing how you can speak right to my heart,

Dsus²   Asus⁴ G   Asus⁴   Dsus² Asus⁴ G Asus⁴
Without saying a word, you can light up the dark.

Gadd⁹   Aadd⁹
Try as I may, I could never explain

D   A   G*   A   A A⁷
What I hear when you don't say a thing.

Chorus 1

D   A   G*   A
The smile on your face lets me know that you need me,

D   A   G*   A
There's a truth in your eyes saying you'll never leave me,

D   A   G*   A   G/B A/C♯
The touch of your hand, says you'll catch me whenever I fall.

G*   A
You say it best,   when you say nothing at
| Dsus² Asus⁴ | G Asus⁴ | Dsus² Asus⁴ | G Asus⁴ |
all.

Verse 2

Dsus²   Asus⁴   G   Asus⁴   Dsus² Asus⁴ G Asus⁴
All day long I can hear people talking out loud

Dsus²   Asus⁴   G   Asus⁴   Dsus² Asus⁴ G Asus⁴
But when you hold me near, you drown out the crowd.

G   A
Old Mr Webster could never define

D   A   G*   A
What's being said between your heart and mine.

Chorus 2
        D   **A**   **G***   **A**
The smile on your face lets me know that you need me,

           D   **A**   **G***   **A**
There's a truth in your eyes saying you'll never leave me,

        D   **A**   **G***   **A** **G/B A/C♯**
The touch of your hand, says you'll catch me whenever I fall.

G*   **A**
You say it best,   when you say nothing at

│ **Dsus² Asus⁴**│ **G Asus⁴**│ **Dsus² Asus⁴**│ **G Asus⁴**│ **Dsus² Asus⁴**│
all._____

Instrumental │ **G***   │ **A**   │ **G***   ║

Chorus 3
        D   **A**   **G***   **A**
The smile on your face lets me know that you need me,

           D   **A**   **G***   **A**
There's a truth in your eyes saying you'll never leave me,

        D   **A**   **G***   **A**
The touch of your hand, says you'll catch me whenever I fall.

G*   **A**
You say it best, when you say nothing at

    │ **Dsus² Asus⁴**│ **G**   │ **Dsus² Asus⁴**│ **G**   │
    all.

Outro   ║: **Dsus² Asus⁴**│ **G**   :║ *Repeat to fade*

When You're Gone

Words & Music by Bryan Adams & Eliot Kennedy

Dm	F	C	G	B♭

Intro | Dm | F | C | G   ‖

                            Dm   **G**

Verse 1   I've been wandering around the house all night

          C
    Wondering what the hell to do.

              Dm   **G**   **C**
    Yeah, I'm trying to concentrate but all I can think of is you.

              Dm   **G**
    Well the phone don't ring 'cause my friends ain't home,

        C
    I'm tired of being all alone.

             Dm   **B♭**   **G**
    Got the T.V. on 'cause the radio's playing songs

    That remind me of you.

                    Dm

Chorus 1   Baby when you're gone

    F   **C**   **G**
      I realize I'm in love.

                  Dm
    The days go on and on

    F   **C**   **G**
      And the nights just seem so＿ long.

                 Dm
    Even food don't taste that good,

    F   **C**   **G**
      Drink ain't doing what it should.

               Dm
    Things just feel so wrong,

    B♭   **G**
      Baby when you're gone.

Verse 2

     Dm   **G**
I've been driving up and down these streets

   C
Trying to find somewhere to go.

     Dm   **G**   **C**
Yeah, I'm looking for a familiar face but there's no one I know.

   Dm   **G**
Ah, this is torture, this is pain,

   C
It feels like I'm gonna go insane.

   Dm   **B♭**
I hope you're coming back real soon,

   G
'Cause I don't know what to do.

Chorus 2   As Chorus 1

Solo   ‖: **Dm** | **G** | **C** | **C** :‖ *Play 3 times*

      | **Dm** | **B♭** | **G** | **G** ‖

          Dm
Chorus 3 Baby when you're gone

   F   **C** **G**
  I realize I'm in love.

       Dm
The days go on and on

   F   **C** **G**
  And the nights just seem so___ long.

        Dm
Even food don't taste that good,

   F   **C** **G**
  Drink ain't doing what it should.

        Dm
Things just feel so wrong,

   B♭   **G**
  Baby when you're gone.___

        Dm
Baby when you're gone,

   B♭   **F**
  Yeah, baby when you're gone.

Where The Wild Roses Grow

Words & Music by Nick Cave

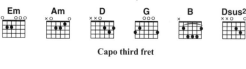

Capo third fret

Intro
| Em Am | Em D | Em

Chorus 1

Em   Am   Em
They call me The Wild Rose___

              G   B
But my name was Elisa Day

               Em   Am   Em
Why they call me it I do not know___

                      Dsus² Em
For my name was E - lisa   Day

Verse 1

Em   G
From the first day I saw her I knew she was the one

       Am   B
She stared in my eyes and smiled

           Em   G
For her lips were the colour of the roses

       Am   B
That grew down the river, all bloody and wild

Verse 2

(B)   Em   G
When he knocked on my door and entered the room

       Am   B
My trembling subsided in his sure embrace

              Em   G
He would be my first man, and with a careful hand

       Am   B
He wiped at the tears that ran down my face

Chorus 2   As Chorus 1

Verse 3

(Em)   **G**
On the second day I brought her a flower

     Am   **B**
She was more beautiful than any woman I've seen

 Em   **G**
I said, 'Do you know where the wild roses grow

Am   **B**
So sweet and scarlet and free?'

Verse 4

(D) **Em**   **G**
On the second day he came with a single red rose

    Am   **B**
He said, 'Give me your loss and your sorrow?'

 Em   **G**
I nodded my head, as I lay on the bed

  Am   **B**
'If I show you the roses, will you follow?'

Chorus 3   As Chorus 1

Verse 5

(Em)   **G**
On the third day he took me to the river

  Am   **B**
He showed me the roses and we kissed

    Em   **G**
And the last thing I heard was a muttered word

  Am   **B**
As he knelt above me with a rock in his fist

Verse 6

(B) **Em**   **G**
On the last day I took her where the wild roses grow

   Am   **B**
And she lay on the bank, the wind light as a thief

  Em   **G**
And I kissed her goodbye, said, 'All beauty must die'

  Am   **B**
And I lent down and planted a rose 'tween her teeth

Chorus 4

  Em   **Am** **Em**
They call me The Wild Rose___

  G   **B**
But my name was Elisa Day

   Em   **Am** **Em**
Why they call me it I do not know___

      Dsus2 **Em**
For my name was E - lisa Day

     Dsus2 **Em**
My name was E - lisa Day

      Dsus2 **Em**
For my name was E - lisa Day

Wild Wood

Words & Music by Paul Weller

Bm   F#m/B   Em7   F#7♭9#5

Intro

| Bm | Bm | F#m/B | F#m/B |

| Em7 | F#7♭9#5 | Bm | Bm |

Verse 1

Bm   F#m/B
High tide, mid-afternoon,
Em7   F#7♭9#5 Bm
People fly by in the traffic's boom.
                          F#m/B
Knowing just where you're blowing,
Em7   F#7♭9#5   Bm
Getting to where you should be going.

Verse 2

                  F#m/B
Don't let them get you down,
Em7   F#7♭9#5 Bm
Making you feel   guilty about.
                          F#m/B
Golden rain will bring you riches,
Em7   F#7♭9#5 Bm
All the good things   you deserve now.

Solo

| Bm | Bm | F#m/B | F#m/B |

| Em7 | F#7♭9#5 | Bm | Bm |

Verse 3

Bm   F#m/B
Climbing, forever trying,
Em7   F#7♭9#5 Bm
Find your way out of the wild, wild wood.
            F#m/B
Now there's no justice,
         Em7   F#7♭9#5   Bm
You've only yourself that you can trust in.

Verse 4

Bm   **F$\sharp$m/B**
And I said, high tide mid-afternoon,
       Em7   **F$\sharp$7$^{\sharp5}_{\flat9}$** **Bm**
Woah, people fly by in the traffic's boom.
                        F$\sharp$m/B
Knowing just where you're blowing,
Em7   **F$\sharp$7$^{\sharp5}_{\flat9}$**   **Bm**
Getting to where you should be going.

Solo

| **Bm** | **Bm** | **F$\sharp$m/B** | **F$\sharp$m/B** |
| **Em7** | **F$\sharp$7$^{\sharp5}_{\flat9}$** | **Bm** | **Bm** |

Verse 5

Bm   **F$\sharp$m/B**
Day by day your world fades away,
Em7   **F$\sharp$7$^{\sharp5}_{\flat9}$** **Bm**
Waiting to feel all the dreams that say,
                   F$\sharp$m/B
Golden rain will bring you riches,
Em7   **F$\sharp$7$^{\sharp5}_{\flat9}$** **Bm**
All the good things   you deserve now, and I say,

Verse 6

              F$\sharp$m/B
Climbing, forever trying
            Em7   **F$\sharp$7$^{\sharp5}_{\flat9}$** **Bm**
You're gonna find your way out of the wild, wild wood.
            Em7   **F$\sharp$7$^{\sharp5}_{\flat9}$**
I said you're gonna find your way out
   Bm
Of the wild, wild wood.

Wild World

Words & Music by Cat Stevens

Am   D/F♯   G   C   F

Dm   E   Esus⁴   G⁷   G⁶

Intro

    Am   D/F♯   G
La la la la, la la la la la, la

           C   F
La la la la, la la la la la, la

         Dm   E   Esus⁴
La la la la, la la la la la, la la.

Verse 1

    Am   D/F♯   G
Now that I've lost everything to you,

        C   F
You say you wanna start something new

      Dm   E
And it's breakin' my heart you're leavin',

    Esus⁴
Baby, I'm grievin'.

Am   D/F♯   G
  But if you wanna leave, take good care,

        C   F
I hope you have a lot of nice things to wear,

     Dm   E   G   G⁷ G⁶ G
But then a lot of nice things turn bad out there.

Chorus 1

C   G   F
  Oh, baby, baby, it's a wild world,

G   F   C   G
  It's hard to get by just upon a smile.

C   G   F
  Oh, baby, baby, it's a wild world,

G   F   C   Dm E
  I'll always remember you like a child, girl.

Verse 2

Am   **D/F♯**   **G**
You know I've seen a lot of what the world can do

        C   **F**
And it's breakin' my heart in two

           Dm   **E**
Because I never wanna see you a sad girl,

          Esus4
Don't be a bad girl.

Am   **D/F♯**   **G**
But if you wanna leave, take good care,

               C   **F**
I hope you make a lot of nice friends out there,

          Dm   **E**   **G**   **G7** **G6** **G**
But just remember there's a lot of bad and beware.

Chorus 2   As Chorus 1

Solo | **Am** | **D/F♯** | **G** |

              C   **F**
La la la la, la la la la la, la

              Dm   **E**
La la la la, la la la la la la, la la.

Verse 3

          Esus4
Baby, I love you,

Am   **D/F♯**   **G**
But if you wanna leave, take good care,

               C   **F**
I hope you make a lot of nice friends out there,

          Dm   **E**   **G**   **G7** **G6** **G**
But just remember there's a lot of bad and beware.

Chorus 3   As Chorus 1

Chorus 4

C   **G**   **F**
Oh, baby, baby, it's a wild world,

G   **F**   **C**   **G**
And it's hard to get by just upon a smile.

C   **G**   **F**   **N.C.**
Oh, baby, baby, it's a wild world,

            G   **Dm**   **C**
And I'll always remember you like a child, girl.

249

Willow

Words & Music by Joan Armatrading

F   B♭   C   Am   G   F*

Dm   Em   Dm7   F/A   C/G   G7

Intro | N.C. (Cbass) | (Cbass) | (Cbass) |

Verse 1

F
   I may not be your best,   **B♭**

C
   But you know good ones

                B♭
Don't come by the score.

F   **B♭**
   If you've got something missing,

C   **B♭**
   I'll help you look you can be sure.

              F
And if you want to be alone

  Am
Or   someone to share a laugh

G
Whatever you want me to

                  (F*) | **C**   **F*** | **C**   **F*** | **C**   **Am G** |
All you got to do is ask.

Verse 2

C   **F***
   Thunder, don't go under the sheets

C   **F***
   Lightning, under a tree

C   **G Dm**   **Am G**
   In the rain and snow,   I'll be your fireside.

C   **Em Dm7**   **G**   **Am G**
   Come running to me,   when things get out of hand

C   **Em Dm7**   **G**
   Running to me,   when it's more than you can stand.

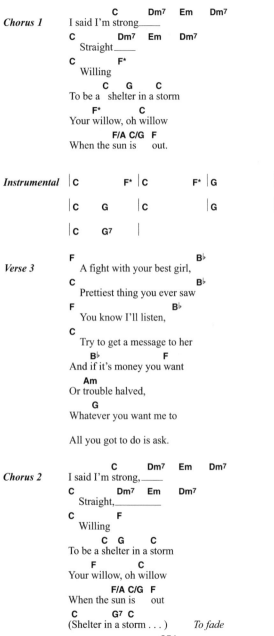

Chorus 1

C   Dm⁷   Em   Dm⁷
I said I'm strong____
C   Dm⁷   Em   Dm⁷
   Straight____
C   F*
   Willing
       C   G   C
To be a   shelter in a storm
    F*   C
Your willow, oh willow
       F/A C/G F
When the sun is   out.

Instrumental | C   F* | C   F* | G | F |

                | C   G | C | G | F |

                | C   G⁷ |

Verse 3

F   B♭
   A fight with your best girl,
C   B♭
   Prettiest thing you ever saw
F   B♭
   You know I'll listen,
C
   Try to get a message to her
   B♭   F
And if it's money you want
   Am
Or trouble halved,
   G
Whatever you want me to

All you got to do is ask.

Chorus 2

       C   Dm⁷   Em   Dm⁷
I said I'm strong,____
C   Dm⁷   Em   Dm⁷
   Straight,____
C   F
   Willing
       C G   C
To be a shelter in a storm
     F   C
Your willow, oh willow
       F/A C/G F
When the sun is   out
C   G⁷ C
(Shelter in a storm . . .)   *To fade*

251

Wires

Words & Music by Joel Pott, Carey Willetts, Steve Roberts & Tim Wanstall

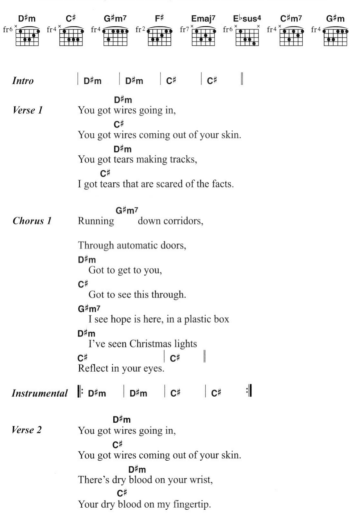

Intro | D♯m | D♯m | C♯ | C♯ ‖

Verse 1
         D♯m
You got wires going in,
       C♯
You got wires coming out of your skin.
         D♯m
You got tears making tracks,
      C♯
I got tears that are scared of the facts.

Chorus 1
         G♯m7
Running   down corridors,

Through automatic doors,
D♯m
  Got to get to you,
C♯
  Got to see this through.
G♯m7
  I see hope is here, in a plastic box
D♯m
  I've seen Christmas lights
C♯ | **C♯** ‖
Reflect in your eyes.

Instrumental ‖: D♯m | D♯m | C♯ | C♯ :‖

Verse 2
         D♯m
You got wires going in,
       C♯
You got wires coming out of your skin.
         D♯m
There's dry blood on your wrist,
      C♯
Your dry blood on my fingertip.

Chorus 2

G#m7

Running down corridors, through automatic doors,

D#m   C#

Got to get to you, got to see this through.

G#m7

First night of your life, curled up on your own,

D#m   C#

Looking at you now, you would never know.

Bridge

       G#m7   D#m

I see it in your eyes, I see it in your eyes,

    F# C#

You'll be all right.

       G#m7   D#m

I see it in your eyes, I see it in your eyes,

    F# C# Emaj7 Ebsus4

You'll be all right. All `right.

Chorus 3

C#m7

Running down corridors, through automatic doors,

G#m   F#

Got to get to you, got to see this through.

C#m7

I see hope is here in a plastic box,

G#m

I've seen Christmas lights

F#

Reflect in your eyes.

Chorus 4

C#m7

Down corridors,

Through automatic doors,

G#m

Got to get to you,

F#

Got to see this through.

C#m7

First night of your life,

Curled up on your own,

G#m

Looking at you now

F#

You would never know.

With A Little Help From My Friends

Words & Music by John Lennon & Paul McCartney

[Chord diagrams: E, B, F#m, B7, D]

[Chord diagrams: A, C#m (fr4), F#, Bm7, C]

Verse 1

   E   B   F#m
What would you think if I sang out of tune,

                    B7   E
Would you stand up and walk out on me?

             B   F#m
Lend me your ears and I'll sing you a song,

             B7   E
And I'll try not to sing out of key.

Chorus 1

          D   A   E
Ooh, I'll get by with a little help from my friends,

          D   A   E
Ooh, I'll get high with a little help from my friends,

          A   E   B7
Ooh, I'll get by with a little help from my friends,

       B7 D
My friends.

Verse 2

   E   B   F#m
What do you do when our love is away,

             B7 E
Does it worry you to be alone?

             B   F#m
How does it feel by the end of the day,

             B7   E
Are you sad because you're on your own?

Chorus 2

        D   **A**   **E**
Ooh, I'll get by with a little help from my friends,

        D   **A**   **E**
Ooh, I'll get high with a little help from my friends,

      A   **E**
Ooh, I'll get by with a little help from my friends.

Bridge 1

       C♯m   **F♯**
Do you need anybody?

   E   **D**   **A**
I need somebody to love.

       C♯m **F♯**
Could it be anybody?

 C♯m   **Bm7**   **A**
I need somebody to love,

   E   **F♯m**   **D**
To love, to love.

Verse 3

E   **B**   **F♯m**
Would you believe in a love at first sight?

             B7   **E**
Yes, I'm certain that it happens all the time.

        B   **F♯m**
What do you see when you turn out the lights?

       B7   **E**
I can't tell you but I know that it's mine.

Chorus 3   As Chorus 2

Bridge 2

 (E)   **C♯m**   **F♯**
Do you need anybody?

   E   **D**   **A**
I need somebody to love.

       C♯m **F♯**
Could it be anybody?

   E   **D**   **A**
I need somebody to love.

Chorus 4

        D   **A**   **E**
Ooh, I'll get by with a little help from my friends,

        D   **A**   **E**
Ooh, I'll get by with a little help from my friends,

      A   **E**
Ooh, I'll get high with a little help from my friends,

        D   **A**
Ooh, I'll get by with a little help from my friends,

                C   **D**   **E**
With a little help from my friends.

Wonderful Life

Words & Music by Colin Vearncombe

Em   G   C   D   D/F#   F#m   G6   Am

Intro | (Em) | (G) | (Em) (C) | (D) |

‖: Em | Em   D/F# | G | G   D/F# :‖

Verse 1

  Em   **D/F#** **G**
  Here I go out to sea   again:

      D/F# **Em**
The sunshine fills   my   hair,

    D/F#   **G** **D/F#**
And dreams hang in the   air.

Em   **D/F#** **G**
  Gulls in the sky and in my blue eyes.

    D/F# **Em**
You know it feels unfair.

     D/F# **G** **D/F#**
There's magic everywhere.

Pre-chorus 1

Em   **F#m**
  Look at me standing

G6   **Am**
  Here on my own again,

Em   **F#m**   **G6**
  Up straight in the sunshine._____

Chorus 1

Am   **Em** **G**
  No need to run and hide:

  Em   **Am**   **D**
It's a wonderful, wonderful life.

    Em   **G**
No need to laugh and cry:

  Em   **C**   **D**
It's a wonderful, wonderful life.

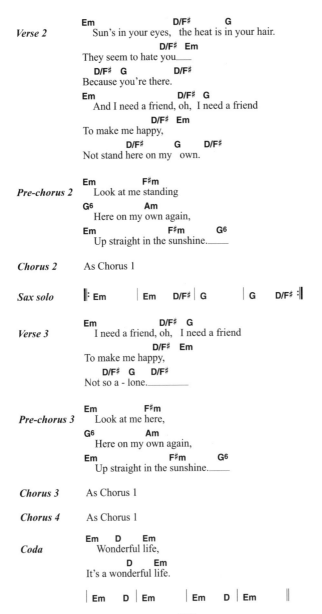

Verse 2

Em   D/F♯   G
Sun's in your eyes,   the heat is in your hair.

                D/F♯ Em
They seem to hate you____

D/F♯ G   D/F♯
Because you're there.

Em   D/F♯ G
And I need a friend, oh, I need a friend

              D/F♯ Em
To make me happy,

       D/F♯   G   D/F♯
Not stand here on my own.

Pre-chorus 2

Em   F♯m
Look at me standing

G6   Am
Here on my own again,

Em   F♯m   G6
Up straight in the sunshine.____

Chorus 2   As Chorus 1

Sax solo   ‖: Em | Em   D/F♯ | G | G   D/F♯ :‖

Verse 3

Em   D/F♯ G
I need a friend, oh, I need a friend

             D/F♯ Em
To make me happy,

   D/F♯ G   D/F♯
Not so a - lone.____

Pre-chorus 3

Em   F♯m
Look at me here,

G6   Am
Here on my own again,

Em   F♯m   G6
Up straight in the sunshine.____

Chorus 3   As Chorus 1

Chorus 4   As Chorus 1

Coda

Em   D   Em
Wonderful life,

        D   Em
It's a wonderful life.

| Em   D | Em | Em   D | Em   ‖

Wonderwall

Words & Music by Noel Gallagher

Em7 G Dsus4 A7sus4 Cadd9

C D G5 G5/F# G5/E Em7/B

Capo second fret

Intro
‖: Em7 G | Dsus4 | A7sus4 | Em7 G | Dsus4 | A7sus4 :‖

Verse 1

Em7   G
Today is gonna be the day

        Dsus4   A7sus4
That they're gonna throw it back to you,

Em7   G
By now you should have somehow

    Dsus4   A7sus4
Realised what you gotta do.

Em7   G   Dsus4   A7sus4
I don't believe that anybody feels the way I do

        Cadd9 Dsus4 | A7sus4 ‖
About you now.

Verse 2

Em7   G
Backbeat, the word is on the street

        Dsus4   A7sus4
That the fire in your heart is out,

Em7   G
I'm sure you've heard it all before,

        Dsus4   A7sus4
But you never really had a doubt.

Em7   G   Dsus4   A7sus4
I don't believe that anybody feels the way I do

        Em7 G | Dsus4 A7sus4 ‖
About you now.

Bridge 1

        C   D   Em
And all the roads we have to walk are winding,

        C   D   Em
And all the lights that lead us there are blinding,

C   D   G5   G5/F# G5/E
There are many things that I would like to say to you

        G5   A7sus4
But I don't know how.

Chorus 1

      Cadd9 Em7 G   **Em7**   **Cadd9**   **Em7 G**
Because maybe,   you're gonna be the one that saves me,

    Em7 Cadd9 Em7 G   **Em7   Cadd9 Em7**
And after all,   you're my wonderwall.

| **G Em7/B** | **N.C. A7sus4** ‖

Verse 3

Em7   **G**
Today was gonna be the day,

      Dsus4   **A7sus4**
But they'll never throw it back at you,

Em7   **G**
By now you should have somehow

   Dsus4   **A7sus4**
Realised what you're not to do.

Em7   **G**   **Dsus4**   **A7sus4**
I don't believe that anybody feels the way I do

       Em7 G | **Dsus4 A7sus4** ‖
About you now.

Bridge 2

    C   **D**   **Em**
And all the roads that lead you there were winding,

    C   **D**   **Em**
And all the lights that light the way are blinding,

C   **D**   **G5**   **G5/F♯ G5/E**
There are many things that I would like to say to you

    G5   **A7sus4**
But I don't know how.

Chorus 2

      Cadd9 Em7 G   **Em7**   **Cadd9**   **Em7 G**
I said maybe   you're gonna be the one that saves me

    Em7 Cadd9 Em7 G   **Em7   Cadd9 Em7 G Em7**
And after all   you're my wonderwall.

Chorus 3   As Chorus 2

Outro

      Cadd9   **Em7** | **G**
I said maybe

      Em7   **Cadd9**   **Em7** | **G**
You're gonna be the one that saves me,

      Em7   **Cadd9**   **Em7** | **G**
You're gonna be the one that saves me,

      Em7   **Cadd9**   **Em7** | **G Em7** ‖
You're gonna be the one that saves me.

Instrumental ‖: **Cadd9 Em7** | **G Em7** | **Cadd9 Em7** | **G Em7** :‖

Woodstock

Words & Music by Joni Mitchell

Capo third fret

Intro   ‖: Em | D | D Bm | Em :‖

Verse 1

Em   D/E
I came upon a child of God

      Am   G/A
He was walking along the road,

      Am   G/A
When I asked him, where are you going?

          Em   D/E
This he told me:

      Em   D/E
"I'm going down to Yasgur's farm,

       Am   G/A
Think I'll join a rock 'n' roll band,

       Am   G/A
I'll camp out on the land,

            Em   D/E
I'll try and set my soul free."

Chorus 1

      Am*   Em
We are stardust, we are golden,

          Am*   G   F♯m
And we've got to get our - selves back to the garden.

Interlude 1 | Em D/E | Em D/E ‖

Verse 2

      Em   D/E
Then can I walk be - side you?

      Am   G/A
I have come here to lose the smog,

      Am   G/A   Em   D/E
And I feel just like a cog in something turning.

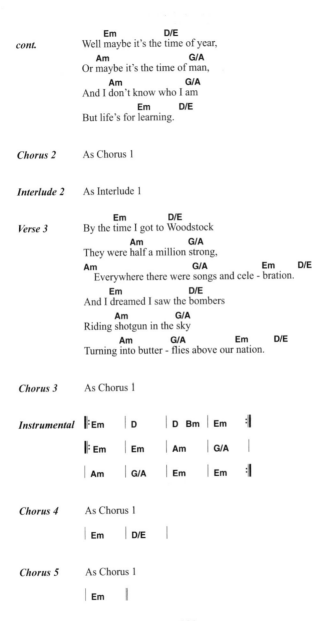

|| *cont.* || Em   D/E |

               Em   **D/E**
cont.   Well maybe it's the time of year,
               Am   **G/A**
     Or maybe it's the time of man,
               Am   **G/A**
     And I don't know who I am

                     Em   **D/E**
     But life's for learning.

Chorus 2   As Chorus 1

Interlude 2   As Interlude 1

               Em   **D/E**
Verse 3   By the time I got to Woodstock
                   Am   **G/A**
     They were half a million strong,
     Am   **G/A**   **Em**   **D/E**
      Everywhere there were songs and cele - bration.
              Em   **D/E**
     And I dreamed I saw the bombers
            Am   **G/A**
     Riding shotgun in the sky
            Am   **G/A**   **Em**   **D/E**
     Turning into butter - flies above our nation.

Chorus 3   As Chorus 1

Instrumental ‖: **Em** | **D** | **D** **Bm** | **Em**   :‖

                 ‖: **Em** | **Em** | **Am** | **G/A** |

                 | **Am** | **G/A** | **Em** | **Em**   :‖

Chorus 4   As Chorus 1

               | **Em** | **D/E** |

Chorus 5   As Chorus 1

               | **Em**   ‖

Yesterday

Words & Music by John Lennon & Paul McCartney

G5　F♯m7　B7　Em　Em/D　Cmaj7　D7　G5/F♯

Em7　A　C　D　C*　Em/B　Am6　A7

Tune guitar down one tone

Intro　　　| G5　　| G5　　||

Verse 1

　　　　　　G5　　　　　F♯m7
　　　　　　Yesterday,

　　　　　　　　B7　　　　　　　　Em　　　Em/D
　　　　　　All my troubles seemed so far away,

　　　　　　Cmaj7　D7　　　　　　　　　　G5　　　　G5/F♯
　　　　　　　Now it looks as though they're here to stay,

　　　　　　　　Em7　A　　　C　G5
　　　　　　Oh, I be - lieve in yesterday.

Verse 2

　　　　　　G5　　　　　F♯m7
　　　　　　Suddenly,

　　　　　　　　B7　　　　　　Em　　　　Em/D
　　　　　　I'm not half the man I used to be,

　　　　　　Cmaj7　　　　　D7　　　　　　　G5　　　　G5/F♯
　　　　　　　There's a shadow hanging over me,

　　　　　　　　Em7　A　　　　C　G5
　　　　　　Oh, yesterday came suddenly.

Bridge 1

　　　　　　F♯m7　B7　Em　D　C*
　　　　　　Why　she　had　to　go

　　　　　　Em/B　　Am6　　　D7　　　G5
　　　　　　I　don't know, she wouldn't say.

　　　　　　F♯m7　B7　Em　D　C*
　　　　　　I　　　said　something wrong

　　　　　　Em/B　Am6　　　D7　　　G5
　　　　　　Now　I long for yesterday.

Verse 3

G5   **F♯m7**
Yesterday,

             B7   **Em**   **Em/D**
Love was such an easy game to play,

Cmaj7 **D7**   **G5**   **G5/F♯**
   Now I need a place to hide away

        Em7 **A**   **C** **G5**
Oh, I be - lieve in yesterday.

Bridge 2

F♯m7 **B7** **Em** **D** **C***
Why   she had to go

Em/B   **Am6**   **D7**   **G5**
I   don't know, she wouldn't say.

F♯m7 **B7**   **Em** **D**   **C***
I   said   something wrong

Em/B **Am6**   **D7**   **G5**
Now   I long for yesterday.

Verse 4

G5   **F♯m7**
Yesterday,

             B7   **Em**   **Em/D**
Love was such an easy game to play,

Cmaj7 **D7**   **G5**   **G5/F♯**
   Now I need a place to hide away,

        Em7 **A**   **C** **G5**
Oh, I be - lieve in yesterday,

G **A7** **C*** **G5**
Mmm._____

263

You Oughta Know

Words by Alanis Morissette
Music by Alanis Morissette & Glen Ballard

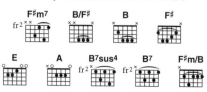

Verse 1

N.C. (F♯m7)
I want you to know that I'm happy for you,

I wish nothing but the best for you both.

F♯m7
An older version of me,

Is she perverted like me?

B/F♯
Would she go down on you in a theatre?

F♯m7
Does she speak eloquently,

And would she have your baby?

B/F♯
I'm sure she'd make a really excellent mother.

Pre-chorus 1

F♯m7
'Cause the love that you gave, that we made

B
Wasn't able to make it enough for you to be open wide, no.

F♯m7
And every time you speak her name,

Does she know how you told me you'd hold me

B
Until you died, 'til you died?

But you're still alive.

Chorus 1

   F♯ **E**
And I'm here to remind you
   A   **B**
Of the mess you left when you went away.
   F♯ **E**
It's not fair to deny me
   A   **B**
Of the cross I bear that you gave to me.
     N.C.
You, you, you oughta know.

Verse 2

F♯m⁷   **B/F♯**
You seem very well, things look peaceful,
F♯m⁷   **B/F♯**
I'm not quite as well, I thought you should know.
    F♯m⁷
Did you forget about me Mister Duplicity?
   B/F♯
I hate to bug you in the middle of dinner.
    F♯m⁷
It was a slap in the face how quickly I was replaced
     B/F♯
And are you thinking of me when you fuck her?

Pre-chorus 2 As Pre-chorus 1

Chorus 2 As Chorus 1

Interlude ‖: B7sus⁴ | B7sus⁴ | B7 | B7 :‖ F♯m/B | F♯m/B |

       | B | B | B7 | B7 | F♯m/B | F♯m/B ‖

Pre-chorus 3

    F♯m⁷
'Cause the joke that you laid in the bed that was me

And I'm not gonna fade
   B
As soon as you close you eyes, and you know it.
   F♯m⁷
And every time I scratch my nails down someone else's back
   B
I hope you feel it, well can you feel it.

Chorus 3 ‖: As Chorus 1 :‖

You're Gorgeous

Words & Music by Stephen Jones

C/G   F/A   Fadd9   C   F   F/G

Intro | C/G | F/A | C/G | Fadd9 ||

Verse 1

          C   F
Remember that tank top you bought me?

C   F/G
   You wrote "You're gorgeous"on it,

C   F
   You took me to your rented motor car

C   F/G
   And filmed me on the bonnet.

Verse 2

    C   F
   You got me to hitch my knees up

C   F/G
   And pull my legs apart,

C   F
   You took an Instamatic camera,

C   F/G
   And pulled my sleeves around my heart.

Chorus 1

            C   F
Because you're gorgeous

          C   F/G
I'd do anything for you,

            C   F
Because you're gorgeous

      C   F/G
I know you'll get me through.

Verse 3

    C   **F**
    You said my clothes were sexy,

    C   **F**
    You tore away my shirt,

    C   **F**
    You rubbed an ice cube on my chest,

    C   **F**
    Snapped me 'til it hurt.

Chorus 2

             C   **F**
    Because you're gorgeous

        C   **F/G**
    I'd do anything for you,

            C   **F**
    Because you're gorgeous

      C   **F/G**
    I know you'll get me through.

Instrumental   ‖: **C** | **F** | **C** | **F**   :‖   *Play 4 times*

Verse 4

    C   **F**
    You said I wasn't cheap,

    C   **F/G**
    You paid me twenty pounds,

    C   **F**
    You promised to put me in a magazine

      C   **F/G**
    On every table in every lounge.

Chorus 3

           C   **F**
   ‖: Because you're gorgeous

        C   **F/G**
    I'd do anything for you,

           C   **F**
    Because you're gorgeous

      C   **F/G**
    I know you'll get me through. :‖   *Repeat to fade*
                                              with vocal ad lib.

You're So Vain

Words & Music by Carly Simon

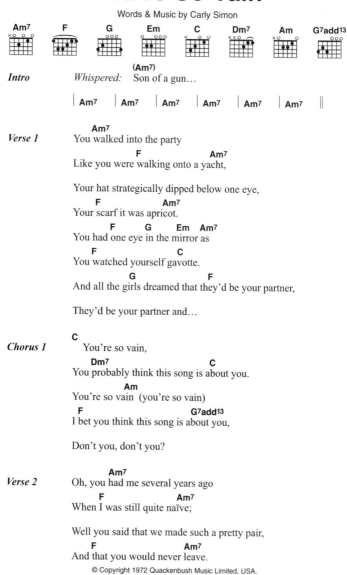

Intro   *Whispered:*   **(Am7)** Son of a gun…

| **Am7** | **Am7** | **Am7** | **Am7** | **Am7** | **Am7** ‖

Verse 1

  Am7
You walked into the party
       F   **Am7**
Like you were walking onto a yacht,

Your hat strategically dipped below one eye,
  F   **Am7**
Your scarf it was apricot.
      F   **G**   **Em** **Am7**
You had one eye in the mirror as
    F   **C**
You watched yourself gavotte.
         G   **F**
And all the girls dreamed that they'd be your partner,

They'd be your partner and…

Chorus 1

  C
  You're so vain,
  Dm7   **C**
You probably think this song is about you.
      Am
You're so vain (you're so vain)
  F   **G7add13**
I bet you think this song is about you,

Don't you, don't you?

Verse 2

    Am7
Oh, you had me several years ago
  F   **Am7**
When I was still quite naïve;

Well you said that we made such a pretty pair,
  F   **Am7**
And that you would never leave.

cont.

        F   **G**   **Em**   **Am7**
But you gave away the things you loved

   F   **C**
And one of them was me.

         G   **F**
I had some dreams, they were clouds in my coffee,

Clouds in my coffee, and…

Chorus 2   As Chorus 1

Guitar solo   ‖: **Am7** | **Am7** | **F** | **Am7** :‖ **F** **G** | **Em** **Am7** | **F**   ‖

Bridge

C   **G**   **F**
  I had some dreams, they were clouds in my coffee,

Clouds in my coffee and…

Chorus 3   As Chorus 1

Verse 3

       Am7
Well I hear you went up to Saratoga

   F   **Am7**
And your horse naturally won,

Then you flew your Lear jet up to Nova Scotia

     F   **Am7**
To see the total eclipse of the sun.

        F   **G**   **Em** **Am7**
Well, you're where you should be all the time,

     F   **C**
And when you're not you're with

          G   **F**
Some underworld spy or the wife of a close friend,

Wife of a close friend and…

Chorus 4   As Chorus 1

Coda | **C** | **C** | **Dm7** | **C** |

‖:   **C**
     You're so vain,

Dm7   **C**
You probably think this song is about you. :‖ *Repeat to fade*

Ziggy Stardust

Words & Music by David Bowie

G5   D   Cadd9   G/B   Dsus4/A   Bm   C   G

Em   A   Am   A5   G5*   F5   E   Csus2

Intro   ‖: G5   D | Cadd9 G/B Dsus4/A :‖   *Play 4 times*

Verse 1

       G5   **Bm**   **C**
Ziggy played guitar, jamming good with Weird and Gilly

                   D
And the spiders from Mars.

                G   **Em**
He played it left hand but made it too far,___

          A   **C**
Became the special man, then we were Ziggy's band.

Verse 2

   G   **Bm**   **C**
Ziggy really sang, screwed up eyes and screwed down hairdo

              D
Like some cat from Japan,

                G   **Em**
He could lick 'em by smiling, he could leave 'em to hang,

            Am   **C**
They came on so loaded man, well hung, snow white tan.

Chorus 1

A5 **G5***   **F5**   **G5***
So where were the Spiders

A5   **G5***   **F5**   **G5***
While the fly tried to break our balls?

A5 **G5***   **F5**
Just the beer light to guide us,

      D   **E**
So we bitched about his fans and should we crush his sweet hands?

Link　　‖: **G5**　**D**　|　**Cadd9 G/B Dsus4/A**　:‖　*Play 2 times*

Verse 3
　　　　G5　　　　　　　　　　　**Bm**　　　　　　　　　　　**C**
　　　　Ziggy played for time, jiving us that we were voodoo.
　　　　　　　　　　　　　　D
　　　　The kids were just crass,
　　　　　　　　　　G　　　　　　　　**Em**
　　　　He was the nazz with God-given ass.
　　　　　　　　　　Am　　　　　　　　　**C**
　　　　He took it all too far but boy could he play guitar.

Chorus 2
　　　　A5　　　**G5***　　　**F5**　　**G5***
　　　　Making love with his ego,
　　　　A5　　**G5***　　　**F5**　　　　**G5***
　　　　Ziggy sucked up into his mind.
　　　　A5　　**G5***　　　**F5**
　　　　Like a leper messiah
　　　　　　　　　D　　　　　　　　　　　　　　　　　**E**
　　　　When the kids had killed the man I had to break up the band.

Coda
　　|　**G5**　**D**　|　**Cadd9 G/B Dsus4/A**　　|

　　|　**G5**　**D**　|　**Cadd9 G/B Dsus4/A**　　|
　　　　　　　　　　　　　　　　　　　(Oh

　　|　**G5**　**D**　|　**Cadd9 G/B Dsus4/A**　|　**G5**　**D**　|
　　yeah!)　　　　　　　　　　　　(Ooh - ooh.___)

　　Csus2　**N.C.**　　　　　　**G**
　　　　Ziggy played guitar.___

Knockin' On Heaven's Door

Words & Music by Bob Dylan

G	D	Am	C

Intro ‖: G D | Am | G D | C :‖

Verse 1

G   D   Am
Mama, take this badge off of me

G   D   C
I can't use it anymore

G   D   Am
It's gettin' dark, too dark for me to see

G   D   C
I feel like I'm knockin' on heaven's door

Chorus 1

G   D   Am
Knock, knock, knockin' on heaven's door

G   D   C
Knock, knock, knockin' on heaven's door

G   D   Am
Knock, knock, knockin' on heaven's door

G   D   C
Knock, knock, knockin' on heaven's door

Verse 2

G   D   Am
Mama, put my guns in the ground

G   D   C
I can't shoot them anymore

G   D   Am
That long black cloud is comin' down

G   D   C
I feel like I'm knockin' on heaven's door

Chorus 2 As Chorus 1

Coda | G D | Am | G D | C ‖ *Fade out*

7/13(187428)